가짜 불안

Wait! I Need to Overthink!
From Panicked and Trapped to Observant and Intentional

Copyright ⓒ 2024 by Nick Trenton
Korean translation rights arranged with PKCS Mind Inc.
through TLL Literary Agency and BC Agency.

All rights reserved.
No part of this publication may be used or reproduced in any form or by any means without written permission except in the case of brief quotations embodied in critical articles or reviews.
Korean Translation Copyright ⓒ 2025 by Woongjin Think Big Co., Ltd.

이 책의 한국어판 저작권은 BC 에이전시를 통해
저작권자와 독점계약한 웅진씽크빅에 있습니다.
저작권법에 의하여 한국 내에서 보호를 받는 저작물이므로
무단전재 및 복제를 금합니다.

가짜 불안

폭주하는 걱정을 멈추는 생각 정리 솔루션

닉 트렌턴 지음 | 박선영 옮김

WAIT!
I NEED TO
OVERTHINK!

한국어판 특별 서문

먼저 불편하지만 익숙한 진실 하나를 말해보겠다. 이 책을 집어 든 사람이라면 아마도 지금 머릿속에 수많은 생각이 꼬리에 꼬리를 물며 이어지고 있을 가능성이 크다. 아마도 이 책을 읽을지 말지 고민하고 있을 수도 있고, 이미 다른 더 중요한 일을 생각하고 있을 수도 있고, 혹은 이 책도 많고 많은 다른 자기계발서들처럼 말만 그럴듯한 건 아닌지 의심하고 있을 수도 있다.

이해한다. 그 끝없는 생각의 소용돌이가 얼마나 지치게 하는지도 잘 안다. 과도한 생각과 불안에 사로잡힌 머릿속은 모든 사람이 동시에 떠드는 혼잡한 방과 같다. 모든 걱정이 주목받길 원하고, 모든 두려움이 당장 해결되어야 한다고 아우성친다.

이 책은 다른 책들과 달리 생각 과잉의 원인을 분석하는 데 시간을 쏟지 않을 것이다. 불안의 근원을 파고들거나 인지 이론을 장황하게 늘어놓지도 않을 것이다. 물론 그런 분석도 의미는 있지만, 그런 내용이라면 다른 책에서 이미 충분히 접했다. 대신 우리는 지금 당장 실천할 수 있는 구체적인 해결책에 집중할 것이다. 말하자면 이 책은 폭주하는 생각을 멈추어줄 '비상 브레이크'다. 언덕에서 자동차가 미끄러져 내려갈 때 원인 분석에 시간을 허비하지 않고 당장 브레이크를 밟듯이, 이 책도 '왜'가 아니라 '어떻게'에 초점을 맞추고 있다.

이 책에는 머릿속 잡념을 잠재울 전략들이 담겨 있다. 그 전략들은 온갖 생각들이 질주할 때, 너무 깊게 고민하느라 아무것도 결정하지 못할 때, 단순한 선택조차 복잡한 경우의 수로 만들어버릴 때 바로 활용할 수 있도록 설계되었다. 이 책에서 소개하는 원칙과 전략은 단순한 조언이나 막연한 긍정의 말이 아니다. 실제 상황에서 즉시 활용할 수 있는 구체적인 도구이자 명확한 행동 지침, 효과적인 의사결정 방식이다.

나는 생각 과잉에서 벗어나기 위해 또다시 생각을 거듭하며 몇 년씩 시간을 허비하는 사람들을 (나를 포함해서) 너무 많이 봐왔다. 그건 마치 불난 집에 기름을 붓는 것처럼 상황만 더 악화시킬 뿐이다. 이 책에서 제시하는 해결책은 전문적 지식과 개인적 경험을 바탕으로 개발했으며, 끝없는 생각에 지친 수많은 사람에게서 효과를 검증받고 발전시킨 것이다.

각 장은 간단명료한 핵심 주제와 행동 지향적인 해결책으로 구성되어 있다. 불필요한 예시나 반복적인 개념 설명은 과감히 덜어냈다. 한 페이지, 한 페이지가 뚜렷한 목적을 가지고 있고, 각각의 연습은 실질적인 변화를 이끌어낸다. 우리는 문제에서 해결책으로, 이론에서 실천으로 빠르게 이동할 것이다. 우리가 원하는 것은 단순한 위로가 아니라 실제적인 변화이기 때문이다.

이 책은 단지 불안을 이해하는 데서 그치지 않고 실제로 불안을 극복하고 삶의 변화를 돕는 안내서다. 우리는 함께 불필요한 생각의 악순환을 끊어내는 기술과 효과적인 의사결정 방법, 부정적인 사고 패턴에 휘둘리지 않도록 회복력을 기르는 전략을 알아볼 것이다. 언뜻 보면 고개를 갸우뚱할 만한 방법도 있을 수 있지만 모두 과학적 근거를 기반으로 효과가 입증된 것들이다.

이 책을 읽는 동안 기억할 점이 하나 있다. 생각이 많은 건 부끄러워할 성격적 결함이 아니라는 사실이다. 생각이 많은 것은 뇌가 최선을 다해 우리를 보호하는 과정일 수도 있다. 다만 그 방식이 때때로 역효과를 일으켰을 뿐이다. 우리의 목표는 생각을 완전히 잠재우는 것이 아니다. 그것은 가능하지도 않을뿐더러 바람직하지도 않다. 대신 과도한 생각에 소비되는 에너지를 더 생산적인 방향으로 전환하는 법을 배울 것이다.

이제 '나는 왜 이렇게 생각이 많은지'에 대한 분석을 멈추고 '어떻게 생각을 멈출 것인지' 알아보고 행동에 나설 준비가 됐는가? 그렇다면 다음 장을 넘겨보자. 당신이 찾던 답이 기다리고 있을 것이다.

자, 시작해보자!

차례

한국어판 특별 서문   4

1장   지금 그 불안은 실체가 없다

감정은 명령이 아니라 정보다   14
불안을 키우는 생각 중독   26
사실을 가리는 신념과 가정   38

2장   불안의 메커니즘

모든 생각이 중요한 것은 아니다   56
불안을 시각화하라   63
고장 난 뇌의 경고 시스템   73

3장   내 생각은 믿을 만한가

사실보다 감정을 더 신뢰하는 뇌   89
상상인가 사실인가   97
과도한 책임감과 통제 욕구   106

4장 현재를 제대로 바라보는 법

생각 흘려보내기 연습   **122**
주의력을 빼앗는 가짜 불안   **129**
진실은 생각보다 평범하다   **136**

5장 모든 것을 통제할 수는 없다

완벽주의의 함정에서 벗어나라   **151**
불확실성을 견디는 힘   **160**
마음을 원하는 대로 다루는 법   **174**

6장 가짜 불안에서 해방되기

분석 마비에서 벗어나라   **192**
불안의 악순환 끊어내기   **204**
생각을 멈출 수 없다면 방향을 바꿔라   **213**

1장

지금 그 불안은 실체가 없다

누구나 때때로 불안을 느낀다. 특히 인생에서 중대한 결정을 내려야 하거나 힘든 상황에 놓였을 때는 온갖 생각이 머릿속을 휩쓸곤 한다. 이 책을 집어 든 사람이라면 분명 심한 불안을 느낀 적이 있을 것이다. 생각이 많은 사람은 인간관계에서든 일에서든 순조롭지 않고, 그 과정에서 몸과 마음이 완전히 지쳐버리고 만다.

다행히도 이런 문제는 얼마든지 피할 수 있다! 생각이 많은 것은 후천적으로 학습된 행동이기에 다시 학습을 통해 바꿀 수 있다. 지금부터 우리는 불안, 혼란, 과도한 걱정, 스트레스 없이 살아가는 방법을 알아볼 것이다.

생각 과잉과 불안으로 어려움을 겪거나 부정적인 사고 패턴이 굳어져 있다면 이 책에서 소개하는 간단하고 효과적인 방법들로 마음의 주도권을 되찾을 수 있을 것이다. 머릿속에서 온갖 생각이 휘몰아칠 때는 무엇을 어떻게 시작해야 할지 막막하다.

다행히 첫 단계는 아주 쉽다. 바로 마음을 알아차리는 것!

지금 내 마음은 어떤가?

내가 지금 느끼는 감정들의 정체는 무엇일까?

감정은 명령이 아니라 정보다

첫 번째 과제는 자신의 감정을 인식하고 거기에 이름을 붙인 다음 그 감정들이 어떻게 작동하는지를 이해하는 것이다. 예를 들어, '불안'을 느낀다는 것은 실제로 어떤 의미일까? 생각 중독자들이 느끼는 불안은 다음과 같은 감정들이 뒤섞인 혼란스러운 상태에 가깝다.

안절부절못함, 걱정, 전전긍긍함, 심란, 짜증, 불쾌, 두려움, 초조, 불확실, 침울함, 불편함, 무서움, 의구심, 께름칙함, 이상함, 분노, 피곤, 혼란, 뒤숭숭함

하지만 우리가 이런 감정들을 느낄 당시에는 이처럼 일목요연하게 정리되지 않는다. 이런 감정들은 복잡하게 뒤엉켜서 한꺼번에 몰려온다. 이미 혼란스러운 상태에서 또 다른 감정들이

밀려드는 것이다. 짜증이 난다는 사실에 짜증이 나고, 모든 일에 너무 예민한 것도 걱정스럽고, 부정적인 감정 속에서 당황하는 자기 자신 때문에 또다시 자괴감에 빠지고……. 이런 감정들이 꼬리에 꼬리를 물고 이어진다.

오랫동안 불안의 늪에서 허우적댄 사람이라면 당연히 더는 그러고 싶지 않을 것이다. 고통스러운 감정들을 마주해야 한다는 말이 미친 소리처럼 들릴지 모른다. 어쨌든 중요한 건 기분이 나아지는 게 아닌가? 아이러니하게도 감정의 소용돌이에서 벗어나는 데만 매달리면 감정의 본질을 제대로 이해하지 못하게 된다. 그런 감정들이 왜 생기는지, 어떻게 다뤄야 하는지는 배우지 못하고 감정에 무지하게 휘둘리는 사람이 되어버리는 것이다.

어떤 감정을 '나쁘다'거나 '인정할 수 없다'고 판단하는 순간, 그 감정을 처리하거나 이해하려는 과정이 멈춘다. 감정은 아무리 무시하고 비난하고 억눌러도 사라지지 않는다. '부정적인 감정'과 싸우면 상황만 악화될 뿐이다. 감정을 밀어내려고 애쓰는 것 자체가 부정적인 감정이기 때문이다.

자, 이 문제는 그리 어렵지 않다. 그저 감정을 이해하는 방식을 완전히 바꾸면 된다. 엄밀히 말해 우리는 감정을 '좋은 감정'과 '나쁜 감정'으로 구분하는(그리고 나쁜 감정은 최대한 빨리 없애야 한다는) 구시대적 관점 때문에 더욱 감정을 거부하고 회피하고 부정한다. 감정을 '좋다'거나 '나쁘다'로 판단하지 말고 있는 그대로 느끼면 어떨까? 상황을 억지로 바꾸는 대신 호기심을 가지고 이해하려 노력하면 어떤 일이 벌어질까? 부정적인 감정들을 피하는 대신 그 감정에 중요한 메시지가 담겨 있다고 생각하면 어떤 변화가 생길까?

우리는 지금부터 불안을 비롯한 온갖 불편하고 불쾌한 감정들을 바라보는 태도를 바꾸려고 노력할 것이다. 그렇다고 그런 불편한 감정에서 영원히 벗어나는 법을 찾지는 않을 것이다. 그런 방법은 없기 때문이다. 여기서는 다만 감정들을 있는 그대로 인정하고 이해하며 존중하는 법을 알아볼 것이다.

하버드대학교의 심리학자이자 작가인 수전 데이비드[Susan David]는 TED 강연에서 이렇게 말했다. "많은 사람이 '부정적인' 감정을 느끼는 자신을 혐오하고 그런 감정을 억누르려 하지만 그럴수록 그 감정은 강해질 뿐이다." 감정을 피하려는 시도는 오래가기 힘들뿐더러 굉장히 피곤한 일이다. 억지로 명상을 시도했다가 오히려 스트레스를 받은 경험이 있다면 이 말의 의미가 쉽게 와 닿을 것이다. 나쁜 감정을 느낀다고, 또는 좋은 감정을 느끼지 못한다고 자신을 몰아세우는 것은 무모한 행동이다. 그래 봐야 불안감만 커질 뿐이다.

수전 데이비드는 감정을 단순히 긍정적이거나 부정적인 것으로 나눠서는 안 되며, '감정 민감성emotional agility'이 중요하다고 말한다. 부정적인 감정도 중요한 의미를 갖는다는 것이다. 예컨대 의심은 분석적 사고를 더 날카롭게 만들고, 당혹감은 중요한 실수를 깨닫게 하며, 분노는 부당한 상황에서 자신을 지키거나 자기 권리를 주장할 힘을 준다.

감정을 온전히 받아들이고 경험하는 것은 정신 건강에 매우 중요하고 신체 건강에도 긍정적인 영향을 미친다. 감정은 우리의 경험에 깊이와 의미, 색채를 부여하며, 의사결정 과정에도 중요한 역할을 한다. 감정을 제대로 마주하거나 받아들이지 않는다면 중요한 배움의 기회를 걷어차는 셈이다. 즉 감정은 우리가 따라야 할 명령이 아니라 참고해야 할 '정보'다.

미국의 유명 퍼포먼스 코치인 아나마리아 니노무르시아Anamaria Nino-Murcia에 따르면 감정을 정보로 바라보는 관점은 감정을 받아들이는 방식뿐 아니라 행동에도 영향을 미쳐 더 생산적으로 반응할 수 있게 한다. 감정을 정보로 재구성reframing하는 과정에서 우리는 이전에는 외면했던 감정들과 온전히 마주할 수 있게 되며, 이를 통해 보다 유연하고 건강한 방식으로 감정을 활용할 수 있게 된다.

- 감정은 고정된 것이 아니기에 시간이 지나면 사라지거나 변할 수 있다.
- 감정은 개인의 성격이나 가치를 반영하는 것이 아니라 상황에 따라 달라질 수도 있는 역동적인 변수다. 감정은 통제하고 조절하고 변화시킬 수 있는 것이다.
- 감정은 우리를 지배하는 절대적인 힘이 아니라 단지 상황을 이해하고 해석할 수 있게 하는 정보다.

감정이라는 정보를 분석·처리하면 행동에 나설 힘이 생긴다. 또한 자신과 감정을 분리해서 인식하게 되므로 감정과 심리적 거리를 유지할 수 있게 되고, 이를 통해 상황을 개선할 방법을 찾을 수 있게 된다.

불안에 시달리는 사람의 경우 단순히 '나쁜 감정'을 많이 느끼는 것이 문제가 아니다. 진짜 문제는 감정을 효과적이거나 지혜롭게 다루지 못하는 것이다. 예를 들어, 어떤 사람이 침대 밑에 괴물이 산다고 믿고는 밤마다 두려움 속에서 잠들지 못한다고 하자. 그는 자신을 괴롭히는 무서운 것들을 모두 떠올리면서 매일 밤 몇 시간씩 침대에서 괴로워할지 모른다. 그러고는 자신을 달랬다가, 안심시켰다가, 겁쟁이 같은 자신의 모습 때문에 자괴감에 빠지기도 할 것이다. 인터넷에서 『30일 만에 괴물 공포증 극복하기』 같은 책을 찾아볼지도 모른다.

하지만 다른 방법도 있다. 그냥 일어나서 침대 밑을 확인해 보는 것이다. 도대체 침대 아래에 뭐가 있을까? 정말 괴물이 있는 걸까? 만일 있다면 어떤 괴물일까? 그 괴물이 원하는 건 뭘까? 왜 침대 아래에 들어가게 되었을까? 아예 괴물과 대화를 시도해보는 것도 방법이다. 아니면 괴물과 거래를 해보는 것이다. "이봐요, 괴물 씨! 미안하지만 다른 데로 가줘야겠어요. 여긴 제 침대거든요." 그리고 다음 날 아침에 괴물 퇴치 스프레이를 사러 가는 것이다.

이 예시가 다소 유치해 보이겠지만 핵심은 이해했을 것이다. 감정을 인정하고 받아들이고 직면해야만 앞으로 나아갈 수 있다. 만약 감정이 메시지를 전달하는 신호라면 어떤 감정을 사라지게 할 유일한 방법은 거기 귀를 기울이고 메시지를 확인하는 것이다. 그러지 않고 도망치려고만 하면 감정은 메시지를 전하기 위해 계속 우리를 쫓아다니게 된다.

생각 과잉과 불안을 근본적으로 해결하려면 자신의 감정을 통제하고, 감정에 대한 이해력을 키워야 한다. 이는 단순히 막연한 감정에 휩싸여 압도되는 것과는 다르다. 그보다는 자신이 느끼는 감정들을 객관적으로 바라보고 이름을 붙이는 방법을 배우는 것에 가깝다. 그러려면 감정 관련 단어를 정교하고 풍부

◆ 감정을 나타내는 다양한 어휘 ◆

	행복감	배려심	자신감	활력 수준	죄책감/수치심
약함	기쁨 좋음 만족감 따뜻함	감사함 고마움 관심 동정심	열성적 유능함 단호함 열린 마음	차분함 느긋함 여유로움 편안함 평온함	부끄러움 망설임 꺼려짐 떨떠름함
중간	유쾌함 상당히 기쁨 낙관적	존경심 다정함 친밀감 연민 걱정스러움 공감 애정 신뢰감	용감함 희망적 자랑스러움 수용적 회복력	정신이 맑음 열정적 기대감 흥분됨 나태함 피곤함 지침	미안함 발가벗겨진 기분 죄책감 안쓰러움 애석함
강함	감탄 희열 황홀감 매우 기쁨 흥분됨	흠모함 열렬히 좋아함 매료됨 깊은 열정 보호하려는 마음 집착	영감을 받음 대담함 자신만만함 과감함	강한 열정 기진맥진함 피로함 의욕이 넘침	수치스러움 끔찍함 굴욕감 모멸감 무가치함

하게 알아두어야 한다.

감정을 세밀하게 구분하고 명확하게 정의할 수 있어야 감정에 휩쓸리지 않고 감정을 이해하고 효과적으로 다룰 수 있는 힘을 가지게 된다. 아나마리아 니노무르시아는 위의 표와 같이 감정에 관한 단어를 다양하게 쓰라고 권한다.

이 표는 감정의 종류와 강도에 따른 다양한 단어들을 한눈

무관심	두려움	슬픔	분노	불확실함
무관심 흥미 없음 생기 없음	조심스러움 초조함 수줍음 긴장됨 불편함	실망함 기분 저조 침울함 외로움 불만족	좌절감 초조함 짜증	혼란스러움 신경이 분산됨 놀람 확신이 없음
냉담함 지루함 따분함 멍함 무심함	불안 걱정스러움 근심 전전긍긍 두려움	고립감 의욕 상실 낙담 상처받음 초라함 속상함	화남 방어적 분함 분노 분개	길을 잃은 느낌 이해받지 못함 당혹감 곤경에 빠짐
	겁에 질림 섬뜩함 위축됨 공포	끔찍함 짓눌림 우울함 절망감 비참함	억울함 쓰라림 혐오스러움 격노 격분 복수심	갈피를 잡지 못함 압도됨 무력감 큰 충격 망연자실 멍함

에 보여준다. 표의 왼쪽에서 오른쪽으로 갈수록 긍정적인 감정에서 부정적인 감정으로 바뀌고, 위에서 아래로 갈수록 감정의 강도가 강해진다.

여기서 '긍정적 감정'과 '부정적 감정'은 해당 감정이 일으키는 신체 감각을 기준으로 구분한 것일 뿐이다. 해당 감정의 가치나 효과를 기준으로 판단한 것이 아니라는 뜻이다. '행복감'이나 '배려심'과 같은 긍정적 감정은 신체적으로 기분 좋은 상태와 관련이 있지만 '분노', '불확실성', '불안'과 같은 부정적 감정은 신체적 불편함이나 불쾌함과 관련이 있다. 그렇지만 감정은 불편함과는 관계없이 개인에게는 그 자체로 중요한 가치를 갖는다.

삶의 본질이 변화에 있듯이 감정도 늘 오르내린다. 비와 햇빛이 생태계에서 모두 중요한 역할을 하는 것처럼, 모든 감정은 본질적으로 중요하고 가치가 있다. 다시 말해 어떤 감정이 더 좋고, 더 건강하다는 식의 논리는 성립하지 않는다.

감정 어휘 표를 활용하는 법

1단계: 감정을 확인한다.
특정 기간에 어떤 감정을 느꼈는지 떠올려보고 표에 나와 있는 해당 감정들에 모두 표시한다. 그 감정들을 다른 사람에게 표현했는지, 그 감정들이 얼마나 오래갔는지, 그 감정들을 어떻게 처리했는지 떠올려본다.

2단계: 감정을 기록한다.
2주 동안 이 표를 활용해서 그때그때 혹은 하루 중 특정 시간에 자신의 감정을 기록한다. 그러면 자신의 감정 패턴과 감정 변화를 더 세밀하게 파악할 수 있다.

3단계: 감정을 더 명확하게 인식한다.

감정을 더 명확하게 알아차리는 연습을 한다. "그냥 기분이 좀 안 좋아"와 같은 모호한 표현 대신에 "답답해", "길을 잃은 기분이야", "실망스러워", "불안해"와 같은 식으로 감정을 더 구체적으로 표현하도록 노력한다. 그러면 감정을 더 잘 이해하고 조절할 수 있게 되며, 이를 바탕으로 삶을 더 주체적으로 이끌 수 있게 된다.

4단계: 감정 어휘를 확장한다.

감정을 더 정확하게 표현해주는 단어를 찾아 감정 어휘를 계속 발전시켜나간다. 이 표에 나온 단어 외에도 감정의 미묘한 차이와 색채를 반영한 자신만의 감정 단어를 추가해본다. 그러면 자기 자신에 대한 이해가 높아질 뿐만 아니라 다른 사람과의 의사소통 능력을 향상시키는 데에도 도움이 된다.

5단계: 감정과 행동을 결합한다.

자신의 감정에 관한 정보를 수집했다면 이를 토대로 자신의 행동을 세밀하게 들여다본다. 그동안 기록한 자신의 감정 패턴과 변화를 통해 특정 감정을 일으키는 원인을 찾는다. 예를 들어, 자신이 느끼는 감정들이 계속 '불확실함'과 관련되어 있다면 그 감정을 지속시키고 강화하는 요인이 무엇인지 생각해본다. 주로 어떤 감정을 느끼는가? 그 감정이 나타나기 전후에 어떤 일들이 있었는가? 이 감정에는 어떤 메시지가 담겨 있을까? 마지막 질문이 가장 중요하다.

예를 들어, 당신이 감정을 꾸준히 기록하다가 회사에서 회의를 할 때마다 '불확실함'과 관련된 감정이 반복적으로 나타나는 것을 알게 됐다고 하자. 곰곰이 생각해본 결과 이런 감정은 주로 새 프로젝트를 시작하거나 중요한 결정을 앞두고 나타나는 경우가 많았다. 이제 한 걸음 물러나서 감정을 있는 그대로 바라보자. 감정을 평가하거나 무시하지 않고 단순히 감정으로 인식해본다. 또한 그 감정을 곧장 '해결'하려고 나서지 않도록 주의한다.

대신 전략적으로 감정을 있는 그대로 받아들이며 거기에 어떤 의미가 있다고 가정해본다. 그렇다고 그 감정에 휘말리거나 깊이 빠지라는 말이 아니다. 그 감정은 단지 하나의 정보일 뿐이다. 물론 그런 감정이 썩 유쾌하지는 않지만 있는 그대로 인정하면 왜 그런 감정들이 나타나는지 궁금해진다. 좀 더 생각해본 결과 당신은 사람들이 요구하는 것이 정확히 무엇인지 이해하지 못했을 때 특히 긴장되고 불안하다는 것을 알게 되었다. 결국 그 불확실함은 '난처함'에 가까웠다. 이제 당신은 직장에서 사람들이 뭔가를 요구하면 좀 더 명확하고 자세히 말해달라고 해야겠다고 결심한다. 이렇게 불확실함을 줄이고 더 효과적으로 대처할 수 있게 된다.

결국 이 감정에는 당신이 원하는 것을 직장 동료들에게 명확하게 전달하고 업무 처리 방식에 약간의 변화를 주어야 한다는 메시지가 담겨 있었다. 이 메시지를 따르자 오히려 그런 불편한 감정이 중요하게 느껴지기 시작했다. 그런 감정이 나타난다는 것은 다른 사람들에게 좀 더 명확한 정보를 요구할 필요가 있다는 의미이기 때문이다.

다른 정보와 마찬가지로 감정은 그 감정을 불러일으키는 우리의 내적 상태와 외적 요인에 대한 통찰을 제공한다. 감정은 세상과 우리를 연결하고 변화에 유연하게 대처하게 한다. 특정 상황과 감정의 관계를 이해함으로써 더 지혜롭고 적절하게 대응할 수 있게 된다.

문제 해결의 첫 단계는 먼저 자신의 상태를 인식하는 것이다. 감정을 그저 감정으로 이해한 다음 그 감정들이 어떻게 작용하는지, 무엇을 의미하는지 알아보자. 상황을 있는 그대로 받아들이고 자신에게 질문해보자.

"지금 여기서 중요한 건 무엇일까?"

부정적인 감정을 더 얹는다고 불안감이 사라지지는 않는다. 불안을 다스릴 가장 좋은 방법은 자신의 감정을 정확히 인식한 다음 이를 자신이 중요하게 생각하는 목표와 가치에 맞는 행동으로 바꾸는 것이다.

심리학자 제러미 애덤스Jeremy Adams는 이렇게 설명한다.

"세상을 이해하는 또 하나의 도구로서 감정을 활용할 수 있다면 어떨까? 우리는 감각, 인지력, 언어를 통해 세상을 바라보고 정보를 해석한다. 게다가 우리에게는 감정도 있다. 감정은 어느 정도 자율적이면서 쉽게 (종종 독립적으로) 활성화되는 작은 프로그램에 비유할 수 있다. 그렇다면 감정이 활성화될 때 즉시 행동에 나서는 대신에 자신의 감정을 알아차리고 그 감정의 원인을 알아낸 다음 이를 토대로 의사결정을 하면 어떨까? 그러면 감정도 또 다른 중요한 정보원이 되지 않을까?"

불안을 키우는 생각 중독

생각 과잉은 반추의 형태로 나타난다. 반추는 다양한 행동과 태도를 포함하는 넓은 개념이다. 영어로 반추를 뜻하는

'rumination'의 어원을 살펴보면 이 개념을 이해하는 데 도움이 된다. '되새김질하다'라는 뜻의 라틴어 'ruminari'에서 유래한 이 단어는 먹이를 되새김질한다는 뜻이기도 하고, '자신의 상태에 대해 수동적이고 반복적으로 계속 생각하고, 그 원인과 결과에 집착하는 것'을 뜻하기도 한다.*

반응 양식 이론response styles theory(1998년 예일대 심리학 교수 수전 놀렌 혹세마Susan Nolen-Hoeksema가 처음 제안했다)과 목표 진행 이론goal progress theory에 따르면 반추란 문제 해결보다는 마음을 괴롭히는 상태와 원인, 그에 따른 결과에 집중하는 것을 말한다. 반추는 감정이 아니다. 그보다는 불안감과 같은 특정 감정이나 상황에 대한 반응 방식 혹은 사고방식에 가깝다.

우리는 마음이 괴롭거나 불안할 때 단순히 '불안하다', '스트레스를 받는다', '걱정이 너무 많다'라고 생각하기 쉽다. 하지만 생각도 일종의 정신적 '행동'이므로 실제로 내가 '무엇을 하고 있는지'의 관점에서 상황을 판단하는 것이 더 바람직하다. 예를 들면, '내가 지금 생각을 너무 많이 하고 있군', '똑같은 생각만 되풀이하고 있어', '이 문제에만 매달리고 있잖아'와 같은 식으로 생각해보는 것이다.

---

* Wells, A. (2004). *Depressive Rumination: Nature, Theory and Treatment*.

반추는 어떤 목표를 이루지 못했거나 원하는 방향으로 나아가지 못하는 상황에 대한 반응이다. 누군가에게 거절당했거나 중요한 시험에서 떨어졌거나 돈을 잃었거나 친구와의 다툼 등 원했던 것을 얻지 못했을 때 언제든 반추에 빠져들 수 있다.

반추의 형태

반추는 한 가지 방식으로만 나타나지 않는다. 실제로 반추는 다음 세 가지 형태로 크게 나뉜다.

상태 반추

상태 반추 state rumination 란 어떤 실패나 괴로움을 겪은 뒤에 그로 인한 부정적인 결과와 감정을 계속 되새기며 곱씹는 것이다. 상태 반추에 빠진 사람들은 자신의 상황과 관련된 부정적인 감정과 결과에 집중한다. 상태 반추는 비관적 사고, 신경증적 성향, 부정적 귀인 양식 attributional style 을 가진 사람들에게 더 흔하게 나타난다. 귀인 양식이란 긍정적인 경험이든 부정적인 경험이든, 그 이유를 일관된 방식으로 해석하는 습관이나 사고 패턴을 말한다. 부정적 귀인 양식을 지닌 사람은 자신에게 일어나는 모든 부정적인 일을 다른 사람이나 외부 요인의 탓으로 돌리며,

자신을 늘 피해자로 여긴다.

예를 들어, 댄이라는 사람이 있다고 하자. 그는 오전에 힘든 면접을 마쳤다. 그날 저녁 댄은 면접관들이 몇 가지 어려운 질문을 던졌을 때 제대로 답하지 못했던 순간을 떠올리며 창피함을 느낀다. 그렇게 부정적 감정을 되새기며 창피했던 순간을 잊지 못하고 괴로워하는 상태가 바로 상태 반추다. 댄은 자신의 취업 가능성을 분석하며 냉정하게 상황을 판단하는 대신 오직 그 자리에서 느꼈던 부정적인 감정에만 집중하고 있다.

행동 반추

행동 반추action rumination에는 목표를 이루고 실수를 바로잡으려는 과제 지향적 사고 과정이 포함된다. 행동 반추를 하는 사람들은 괴로운 생각과 감정에 빠져 있는 대신에 적극적으로 문제 해결에 나서고 목표에 더 다가갈 방법을 찾는다. 행동 반추는 상태 반추보다 건설적이고 목표 지향적이다. 예를 들어, 힘든 이별 후에 슬픔에 빠져 있기보다는 운동과 상담 치료를 받으며 마음 회복과 성장에 집중하는 것이 행동 반추다.

하지만 행동 반추는 건강하지 못한 형태로 나타날 수도 있다. 불안한 마음에 아픈 증상을 인터넷에서 계속 검색하거나 필요 이상의 의료 상담을 받는 행동이 여기에 속한다. 이러한 행동은 문제를 해결하려는 시도지만 그 자체가 또 다른 문제로 발전할 수 있다.

과제 무관련 반추

과제 무관련 반추task-irrelevant rumination란 현재의 문제나 스트레스를 해결하는 대신 그 문제와 무관한 활동이나 생각으로 도피하는 것이다. 이런 식으로 반추하는 사람들은 문제를 직접 해결하거나 건설적인 행동에 집중하기보다는 괴로운 상황에서 일시적으로 벗어나기 위해 그와 무관한 활동이나 생각에 몰입한다. 예를 들어, 더 이상 시험 결과를 걱정하기 싫어서 몇 시간 동안 TV만 보는 행동이 여기 해당한다. 이 경우 역시 특정한 생각에 매달려 있지만, 실제로 하는 행동은 문제 해결에 전혀 도움이 되지 않는다.

또 다른 반추의 유형으로, 사후 반추와 스트레스 반응성 반추가 있다. 사후 반추post-event rumination는 과거의 사회적 실패나 부정적 경험을 되새기며 괴로워하는 것이다. 스트레스 반응성 반추stress-reactive rumination는 스트레스를 받았거나 불쾌했던 과거의 사건들을 반복적으로 떠올리며, 그 경험을 실제보다 더 나쁘게 해석하는 것이다.

반추의 형태가 이렇게 다양한 것은 우리가 괴로운 상황이나 좌절을 겪을 때 나타나는 반응 방식이 그만큼 다양하기 때문이다. 반추의 형태에 따라 문제 해결에 미치는 효과가 다르다. 상태 반추는 부정적인 감정을 지속시켜 문제 해결을 어렵게 할 수 있지만 행동 반추는 문제 해결을 위한 건설적인 전략에 집중할 수 있게 한다. 과제 무관련 반추는 괴로운 상황에서 잠시 벗어나는 데는 도움이 되지만 괴로움의 근본 원인을 해결해주지는 못한다. 또한 반추는 한 가지 형태로만 나타나는 것이 아니라 여러 형태가 혼합되어 나타나기도 한다.

반추를 줄이는 4단계 훈련법

강박증에 대한 인지행동 및 정신분석 치료 전문가인 마이클 그린버그Michael Greenberg 박사는 다음과 같이 강박적인 반추를 줄이는 4단계 훈련을 제안한다.

1단계: 부정적인 생각에 빠져드는 즉시 생각을 차단한다.
반추를 일으키는 요인을 정확히 파악하고 이를 멈추는 방법을 연습한다. 먼저 어떤 상황에서 반추가 시작되는지를 기록하면서 반추를 일으키는 패턴이나 요인을 알아낸다. 중요한 점은 반추에 빠진 자신을 발견할 때마다 의도적으로 이를 중단하는 습관을 들이는 것이다. 처음에는 힘들지만 반복할수록 점차 쉬워진다.

이 방법을 효과적으로 연습하려면 충분한 자기 인식이 필요하다. 그렇다고 명상이나 수행을 할 필요는 없다. 단지 약간의 호기심을 가지고 '지금 내 마음은 어떤 상태일까?'라고 자신에게 질문하는 습관을 들인다. 한 가지 요령은 자신을 불안하게 하는 가장 주된 생각을 종이에 적어보는 것이다. 그 생각에 구체적인 이름을 붙인 뒤 약간의 심리적 거리를 둔다. 그 생각이 떠오를 때마다 자신이 또 그 생각에 빠지고 있음을 알아차리기 위해 노력해보자.

'아, 내가 또 이 생각을 하고 있구나.'

불안한 생각이 떠오를 때는 그 생각을 끌어안고 있기보다는 종이를 집었다 내려놓듯이 생각을 내려놓을 수 있다는 사실을 기억한다.

예를 들어, 누군가에게 문자를 보낸 뒤 상대방의 답장이 늦어질 때마다 마음이 불안해지면서 '혹시 내가 기분 나쁜 말을 한 걸까?'라는 생각을 시작으로 반추에 빠지는 패턴이 반복된다고 하자. 하지만 이를 한번 알아차리고 나면, 다음에 다시 그런 생각이 떠오를 때마다 그 패턴을 더 쉽게 인식할 수 있다. 그래서 상대의 답장을 기다리며 또다시 반추에 빠지는 자신을 발견하면, '아, 또 그 생각이 떠오르는군. 이번에는 그 생각에 빠지지 않을 거야'라고 결심할 수 있다. 그런 다음 다른 활동에 집중하거나 다른 곳으로 관심을 전환하는 것이다.

부정적인 생각이 떠오를 때 머릿속으로 '그만!'이라고 외치거나 의도적으로 일어나 움직이면서 생각의 흐름을 끊는 것도 방법이다. 다른 즐거운 일을 떠올리거나 계획을 세워보는 것도 좋은 방법이다. 상대방이 답장을 보내지 않아도 개의치 않고 몸을 움직여볼 수도 있다. 아니면 그냥 '지금은 반추의 유혹에 빠지지 않겠어'라고 결심만 하는 것으로도 훌륭하다.

2단계: 반추적 사고에서 비반추적 사고로 전환한다.

부정적인 생각의 흐름을 차단하는 데 익숙해졌다면 이제는 특정 생각에 주의를 집중했다가 끊는 연습을 해본다. 그렇게 생각의 패턴을 조절할 수 있게 되면 반추에서도 쉽게 빠져나올 수 있다는 자신감이 생긴다. 짧게 반추에 빠졌다가 좀 더 긴 시간을 들여 반추에서 빠져나오는 연습을 하는 것이다. 반추의 스위치를 켤 수 있다면 끌 수도 있다! 이 단계의 목표는 반추적 사고에서 비반추적 사고로 점차 자연스럽게 전환하는 것이다. 그러면 반추에 빠지지 않을 수 있다는 자신감과 함께 실제로

근육을 키우듯이 감정과 행동을 조절하는 능력을 키울 수 있다.

예컨대 당신이 창피했던 순간을 끊임없이 생각하면서 그때의 수치심과 굴욕감을 계속 떠올린다고 가정해보자. 자신에게 1분간 반추하는 시간을 주고 열심히 반추에 빠져든다. 그리고 1분이 지나면 반추를 멈춘다. 여기서 핵심은 반추에 빠지는 것이 아니라 원하는 순간에 반추를 '멈추는' 능력을 기르는 것이다. '이제 그만!'이라고 생각한 뒤 반추를 멈춰라. 어떤 기분이 드는가? 어떤 방법이 반추에서 빠져나오는 데 가장 효과적이었나?

이 단계는 되도록 편안하고 여유 있는 상태에서 연습한다. 타이머를 사용하는 것도 좋다. 얼마나 연습할지는 중요하지 않다. 여기서 중요한 것은 반추를 얼마나 쉽게 시작하고 멈추는지, 즉 자제력을 얼마나 잘 발휘하는지다. 연습을 계속하면서 자신이 얼마나, 어떻게 발전하고 있는지 관찰해본다. 이 단계를 꾸준히 연습하면 자기 통제력이 길러질 뿐만 아니라 부정적인 생각에 빠지는 것이 특별히 두렵거나 통제 불가능한 것이 아님을 스스로 확신하게 될 것이다. 자신이 반추에 빠져들고 있다면 지금 해야 할 행동은 한 가지다. 그냥 멈추는 것!

3단계: 나만의 '노출 요법'을 연습한다.

불안으로 인한 반추는 대개 불쾌한 특정 감정을 피하려는 것과 관련이 있다. 이제는 반추를 유발하는 요인에 전략적으로 맞서보자. 이번 훈련은 내 의지대로 반추를 시작하고 멈추는 것에 익숙해진 다음에 시도하는 것이 좋다. 노출 요법에 대해서는 나중에 더 자세히 다룰 것이다.

우선 시간을 정해 반추를 유발하는 자극에 짧은 시간 동안 의도적으로 노출되어본다. 그다음 반추에 빠져들고 싶은 유혹에 휩쓸리지 '않는' 연습을 한다. 때때로 우리는 반추를 일으키는 요인에 무의식적으로 반응한다. 하지만 의도적으로 반추를 유발하는 상황을 찾아 나섰다면, 그 상황을 통제하는 것은 바로 나다. 특정한 생각이나 감정에 직면하는 것이 두려울 수도 있다. 하지만 이 단계의 목표는 공연히 자신을 불안하게 만드는 것이 아니라 자신이 반추를 통제할 수 있다는 확신을 쌓아가는 것이다. 그래서 이 연습은 미리 계획된 상태에서 하는 것이 중요하다. 다시 말해 이미 반추에 빠진 상태에서 이를 인식했다면 그것은 더는 의도적인 노출이 아니다.

몇 주간 이 단계를 연습하다 보면 자신의 의지대로 반추의 스위치를 켜고 끄는 방법을 익히게 된다. 그런 다음에는 자신이 알고 있는 반추 유발 요인에 일부러 노출된 상태에서 반추를 멈추는 연습을 해보자. 예를 들어, 특정 주제의 뉴스를 접할 때마다 금전적인 걱정 때문에 반추에 빠져드는 것을 알아차렸다면 그런 종류의 뉴스를 선택적으로 접한 뒤 잠시 멈춰본다. 그 순간 어떤 감정이 일어나는지, 머릿속에 어떤 생각이 펼쳐지는지 스스로 인식한다. 그리고 마음을 차분하게 가라앉히고 반추를 멈추는 연습을 한다. 몇 분간 연습한 뒤에 다른 일로 넘어간다. 다음 날 다시 시도해보면 그 뉴스가 여전히 불편하게 느껴질 수도 있지만 이전만큼 반추를 유발하지는 않을 것이다. 이렇게 계속 반복하면서 반추를 통제하는 능력을 길러나간다.

이 단계의 목표는 단지 불쾌한 감정을 마주하고 견디는 것이 아니다. 그보다는 자기 통제력과 자기 인식을 키우고, 감정을 능동적으로 조절·관리하는 능력을 키우는 것이 목표다.

4단계: 반추를 일으키는 요인에 직면하여 반추에 빠지지 않는 연습을 한다.

마지막 단계는 이전 연습에서 한 단계 더 나아가 반추를 일으키는 특정 상황이나 요인에 맞서본다. 예를 들어, 칼을 손에 쥘 때마다 불안한 생각에 빠져든다면 그런 생각 없이 칼을 잡는 연습을 하고, 특정한 뉴스를 볼 때마다 반추에 사로잡힌다면 그런 뉴스를 보면서도 차분하게 뉴스를 뉴스로만 받아들이는 연습을 해보는 것이다. 혹은 불안이나 반추를 유발하는 이미지를 보고도 깊이 분석하거나 안도감을 찾으려는 대신 그저 있는 그대로 바라보는 연습을 해본다. 자신의 상황에 맞는 연습 방법을 설계해서 자신이 가장 자주 빠지는 반추의 유형에 편안하게 도전해보자.

짧은 자극에 익숙해졌다면 점점 더 오래 지속되는 자극에 노출되어본다. 이 마지막 훈련의 목표는 불안 요인에 지속적으로 직면하더라도 강박적인 생각이나 감정에 빠져들지 않고 자신을 통제하는 능력을 키우는 것이다. 그렇게 훈련을 반복하다 보면 처음부터 반추의 소용돌이에 휘말리지 않고도 자신을 자극하는 요인을 마주하는 자신을 발견하게 될 것이다.

이 훈련은 우리가 생각 과잉과 불안을 없애기 위해 흔히 시도하는 방식과 완전히 다르다. 우리는 대개 불편한 감각에 직면했을 때 도망치고 피하려고 한다. 하지만 그런 행동은 우리가 피하려는 대상에게 더 큰 힘을 줄 뿐이다. 자극을 피하는 것이 처음에는 도움이 되는 것처럼 느껴지겠지만 장기적으로는 오히려 회복력을 떨어뜨리는 행동이다. 이 훈련은 불안을 줄이는 것이 아니라 불안에 휘둘리지 않을 만큼 자신을 더 크고 강하게 만드는 것을 목표로 한다.

사실을 가리는 신념과 가정

오래된 신념, 가정, 기대, 편견, 개인적 서사는 생각 과잉이나 불안에 모두 영향을 준다. 당신을 힘들게 하는 잘못된 신념이나 가정은 무엇인가?

20대 대학생인 벤은 최근 스트레스가 심하고 삶에 지쳐 있다. 밤에도 잠을 잘 이루지 못하고, 할 일을 종종 잊어버리거나 미루며, 친구들에게 짜증을 내거나 예민하게 반응한다. 그는 얼마 전부터 건강 상태가 심상치 않다고 느끼고 있지만 아직 병원을 찾지는 않았다. 강박 장애에 관한 뉴스를 보고는 자신이 강박 장애가 아닐까 걱정하기 시작했다.

'치료를 받아야 할까? 낫기는 할까? 도대체 문제가 뭘까? 왜 이렇게 됐을까? 다른 사람들이 다 눈치채고 있는 건 아닐까?' 이런 질문들이 벤의 머릿속에서 떠나지 않는다. 그리고 저녁이 되면 몇 시간씩 컴퓨터 앞에 앉아 강박증에 관한 정보를 찾는다.

벤에게는 문제가 있다. 하지만 그가 생각하는 그런 문제는 아니다. 벤이 보기에 자신에게는 뭔지 모를 심각한 문제가 있으며, 그것이 무엇이든 간에 자신은 그 문제를 전혀 통제하지 못한다. 그는 현재 삶의 방식이 건강하지 않고 이 상태를 계속 유지하기 힘들다는 것을 인식하고 있다.

벤은 자신에게 근본적인 결함이 있기 때문에 그 결함이 무엇인지를 알아내 해결해야 한다고 생각한다. 하지만 벤의 진짜 문제는 따로 있다. 바로 그가 믿고 있는 사실은 가정일 뿐인데도 이를 사실로 받아들이고는 자신을 괴롭힌다는 것이다.

많은 사람이 실제로 있지도 않은 문제를 '해결'하기 위해 상담실을 찾는다. '나는 왜 이렇게 형편없을까?', '사람들은 왜 다 나를 싫어할까?' 그들은 자신에게 이런 질문을 던지며 괴로워할 뿐, 애초에 이런 질문을 하게 하는 가정에 대해서는 깊이 생각하지 않는다.

벤이 자신의 문제를 찾는다고 해서, 혹은 병원에서 진단을 받는다고 해서 상황은 달라지지 않을 것이다. 그보다는 자신의 믿음, 즉 자신에게 큰 문제가 있어서 남들보다 더 괴롭고 힘든 삶을 살고 있다는 신념이 사실이 아닐 수 있음을 인식하고, 그 신념을 다시 검토해보아야 한다.

작가이자 자기계발 코치인 티보 뫼리스Thibaut Meurisse는 『더 나은 생각Think Better Thoughts』에서 내적 대화, 즉 우리의 생각이 삶의 방향을 형성하고 성공이나 실패를 결정한다고 말한다. 사람들은 원하는 결과를 얻지 못했을 때 그런 결과를 유발한 근본적인 원인, 즉 내면의 부정적인 생각에 대해 잘 알지 못한다. 이런 생각은 내면 깊숙이 자리 잡고 자신의 관점과 행동, 궁극적으로는 결과에도 영향을 준다. 상황이 나아지기를 바란다면, 자신이 자신에게 들려주는 부정적인 이야기에 휘둘리기보다는 그런 이야기를 하는 이유에 주의를 기울여야 한다.

뫼리스는 이런 이야기를 '메타 가정$^{\text{meta-assumption}}$'이라고 부른다. 우리의 생각과 행동에 영향을 미치는 메타 가정은 다양한 부정적인 생각의 바탕이 된다. 이런 메타 가정을 파악하게 되면 문제 행동의 근본 원인인 생각 과잉이나 불안 등을 이해하고 이겨낼 수 있게 된다.

부정적 메타 가정의 예

"난 너무 부족해."

자신이 어떤 면에서든 부족하다고 생각하는 메타 가정이다. 예를 들면, 자신이 하고 싶은 일을 하기에는 머리가 좋지 않다거나 매력이 없다거나 나이가 많다거나 교육을 많이 받지 못했다거나 강하지 않다고 느끼는 것이다.

가면 증후군$^{\text{imposter syndrome}}$(자신의 성공을 노력이 아닌 운 덕분이라고 생각하고 불안해하는 심리-옮긴이)이 있는 사람이 대표적인 예다. 이런 가정을 믿는 사람은 어떤 일이 일어나거나 남들이 특정 방식으로 행동할 때 자신의 결함이나 부족함이 원인이라고 해석하곤 한다. 예를 들어, 어떤 회사에 지원했다가 떨어졌을 경우 다른 객관적인 이유를 찾기보다는 단순히 '당연하지, 뭐. 나같이 부족한 사람을 뭐 하러 채용하겠어?'라고 생각하는 것이다.

"난 모든 게 부족해."

이런 믿음을 가진 사람은 자신에게 시간, 돈 등이 부족할 뿐 아니라 세상의 자원이나 기회도 제한되어 있어서 모든 사람이 원하는 것을 충분히 가질 수 없다고 여긴다. 이러한 신념은 다른 사람들과 불필요하게 경쟁하려 하거나, 모든 일에 서두르며 제한된 기회를 잡으려 하거나, 제로섬의 사고방식(어떤 사람의 이득이 다른 사람의 손실로 이어진다고 믿는 것-옮긴이)에 갇히거나, 다른 사람을 의심하고 질투하는 행동으로 나타날 수 있다. '공격당하지 않으려면 내가 먼저 공격해야 해'라고 생각하는 것이다.

"어차피 내가 할 수 있는 일은 없어."

자기 자신은 물론 자신이 하는 일도 중요하지 않다고 생각하는 것이다. 이러한 믿음을 지닌 사람은 자기 삶을 스스로 통제할 수 없으며, 모든 것이 외부 요인들에 의해 결정된다고 생각한다. 또한 문제의 원인을 외부에서만 찾고 책임을 회피하려는 태도를 보인다. '삶은 너무 불공평해. 어차피 난 행복하긴 글렀어. 태어날 때부터 쭉 불행했으니까. 내가 할 수 있는 건 아무 것도 없어'라는 식의 사고를 보인다.

"난 감정의 노예야."

자신의 감정을 지나치게 깊이 받아들여서 감정이 곧 자신이라고 여기거나 감정을 마치 피할 수 없는 명령처럼 인식하고 그에 따라 행동하는 것이다. 많은 자기계발서와 이론들이 자신의 감정을 인정할 것을 강조하지만 이는 감정이 모든 것을 좌우한다는 잘못된 생각을 강화할 수 있다. 감정을 인정하는 것은 중요하지만 그렇다고 감정이 우리의 존재 자체를 대변하는 것은 아니다. "난 우울증과 불안 장애 때문에 이렇게 행동할 수밖에 없어"라는 말은 자신의 삶을 스스로 주도할 수 없다는 말과 같다.

"난 다른 사람들보다 낫지." 혹은 "다른 사람들이 나보다 낫지."

자신이 다른 사람보다 우월하거나 열등하다고 믿는 것이다. 어떤 사람은 이 두 가지 가정을 모두 믿어 자신을 매우 우월하게 여기는 나르시시즘과 자신을 부정적으로 보고 수치심을 느끼는 감정 사이를 극단적으로 오가기도 한다. 이런 믿음은 비합리적인 기대를 일으킬 수 있다. 가령 '모든 사람이 나를 좋아해야 해. 그렇지 않다는 건 내가 잘못하고 있다는 뜻이야'라고 생각하거나 '내가 부당한 대우를 당하는 건 그럴 만하기 때문이지'라고 생각하는 경우가 그렇다. 또한 이 신념은 목표 대신 자신에게만 집중하게 한다. 어떤 사건이나 상황을 지나치게 자신과 관련짓는 것은 불필요한 불안이나 반추를 일으킬 수 있다.

"난 날 잘 알아."

이런 믿음을 지닌 사람은 자신에 대해 잘 알고 있다고 생각하여 많은 부분을 놓치게 된다. 무언가가 잘못됐음을 인식해야만 그것을 바로잡을 수 있듯, 자신의 생각이 모두 옳다고 믿으면 현실을 외면하거나 부정하게 된다. "내 직감에 이 일은 내게 안 맞아. 내 직감은 항상 옳아." 이렇게 말하는 사람은 단지 위험을 감수하는 것이 불안하고 두려워서 직감을 따르는 것이 현명한 판단이라고 착각하는 것일 수 있다.

"성공은 내 능력 밖의 일이야."

자신에게는 자원, 재능, 돈 같은 성공의 조건이 부족하기에 성공은 자신과 상관없는 일이라고 여기는 것이다. 성공은 자신과 어울리지 않고 다른 사람만이 이룰 수 있다고 생각한다. '외적 통제 소재external locus of control'(삶의 사건이나 결과가 운 같은 외부적인 힘에 의해 결정된다고 믿는 태도-옮긴이)라고 불리는 이런 사고방식은 자신의 주체성과 책임을 과소평가하고 삶의 주도권을 잃게 한다. 그러면 자신의 목표를 이루기 위해 노력하기보다는 타인의 인정을 지나치게 중시하게 된다. 또한 노력보다는 한 번에 모든 문제가 해결되는 기적을 기대하게 된다. '복권에 당첨되지 않는 한 내 인생은 절대 나아질 리 없어!'

앞에서 감정을 정보라고 말했다. 우리의 신념이나 무의식적 가정도 마찬가지다. 생각이나 신념을 절대적인 것으로 여기지 않고 객관적으로 바라보게 되면 그것들을 재검토하고 다듬고 수정하며, 때로는 완전히 버릴 수도 있게 된다.

그러나 우리의 생각과 믿음을 당연히 옳다고 여기면 문제가 발생한다. 우리는 자신의 생각이나 믿음을 별다른 의심 없이 진실로 받아들인다. 우리가 세상을 이해하기 위해 이런저런 가정을 세우고 이야기를 만드는 것은 지극히 자연스러운 일이다. 세상을 이해하고 효과적으로 행동하기 위해서는 적절한 가정에 따른 규칙이 필요하다. 유용한 규칙은 현실적이고 유연하며 적응력이 뛰어나다. 또한 우리가 건강하고 안전하게 기능하도록 도와준다. 중요한 것은 규칙은 규칙으로서 가치를 지녀야 한다는 점이다. 다시 말해 유용하지 않거나 정확하지 않은 규칙은 유용하고 정확한 생각이나 아이디어로 대체되어야 한다.

누구도 삶의 모든 상황을 통제할 수는 없다. 우리가 처한 모든 상황을 완벽히 이해할 수도 없다. 그래서 우리는 유연하게 사고할 수 있어야 한다. 우리가 만들어내는 이야기들은 우리가 원하는 삶을 살도록 돕는 도구가 될 수 있다. 하지만 현실에 맞지 않고, 비합리적이며, 융통성이 없는 가정들은 그런 도구가 되지 못하며, 오히려 우리가 원하는 삶을 사는 데 방해가 된다.

인지행동 치료의 창시자인 심리학자 앨버트 엘리스Albert Ellis는 사람들에게 가장 방해가 되는, 융통성 없고 비현실적인 사고를 '머스터베이션musterbation'이라고 불렀다. 이는 '반드시 해야 한다'를 의미하는 'must'와 자위를 의미하는 'masterbation'의 합성어로, 그는 사람들이 현실에 대해 '반드시 어떠해야 한다'는 식의 경직된 기대와 요구를 갖게 되면 고통이 발생한다고 주장한다. 문제는 현실이 기대에 미치지 못하는 것이 아니다. 기대 그 자체가 문제다.

앞에서 말한 벤의 경우, 그가 자신에게 하는 이야기에는 '~해야 한다', '~하면 안 된다'와 같은 엄격한 규칙과 제약이 많았다. 이를테면 "학점 관리를 잘해야 해. 그러지 않으면 큰일 나", "난 스트레스를 받아서도 안 되고 불행해서도 안 돼", "난 절대 실패하면 안 돼", "도움을 요청해서도 안 돼", "꿈을 이루기 위해서는 이 정도 공부로 힘들어해선 안 돼" 등등.

물론 우리의 가정은 맞을 때도 있다. 하지만 그 가정이 옳다는 것을 확실히 하려면 가정을 '가정'으로만 받아들이고 검증할 수 있어야 한다. 우리의 과도한 생각과 불안이 근거 없는 가정에서 비롯된 것이 아닌지 살펴보아야 한다.

도움이 되지 않는 가정을 재설정하는 법

1단계: 가정 확인하기

삶에 도움이 되지 않는 규칙, 가정, 신념을 찾아보고 그 영향을 생각해본다. 그 가정은 도움이 될까? 정확할까? 친절할까? 이런 규칙과 가정의 효과를 평가해야 삶에 미치는 영향도 이해할 수 있다.

2단계: 가정 살펴보기

그 가정이 언제, 어디서 나타나는지 주의 깊게 관찰하고, 어디에서 비롯되었는지 생각해본다. 그 생각이 지속된 이유는 무엇일까? 그 '규칙'은 지금도 유효할까?

3단계: 가정 평가하기

규칙이나 가정이 너무 경직되어 있다면 그것을 유지하는 것이 합리적인지를 생각해본다. 그 규칙이나 가정이 세상의 현실이나 현재 자신의 상황과 맞지 않을 수 있음을 인정하고 과거 그 규칙들이 어떤 의미가 있었는지, 자신을 어떻게 지켜주었는지 돌아보자. 지금의 나는 과거의 나와 어떻게 달라졌을까?

4단계: 가정 조정하기

규칙이나 가정이 삶에 어떤 영향을 미칠지, 어떤 단점이 있는지 생각해본다. 장점이 있다면 그 장점이 단점을 상쇄할 만큼 가치가 있는지 살펴본다. 규칙이 기회를 제한하거나 즐거움을 가로막거나 성취감을 떨어뜨리거나 인간관계를 방해하거나 자신의 발전을 막는 것은 아닌지 검토해보고 앞에서 파악한 장점과 단점을 비교해본다. 만약 단점이 장점보다 크다면 더 유연하고 현실적인 규칙을 만들기 위해 노력한다.

5단계: 가정 재설정하기

이전의 규칙을 대체할 더 유연한 규칙을 만들어본다. 너무 단정적인 표현은 자제하여 현재 상황에 맞는 규칙을 만든다. '~해야 한다'나 '~하면 안 된다'와 같은 단호한 표현을 피하고 좀 더 여유 있는 표현을 찾아본다. 당장 새로운 규칙을 실천하기가 어렵다면 일정 기간 시험적으로 실천해본다. 새로운 생각이 자신의 감정과 행동에 어떤 영향을 주는지 관찰해본다. 새로운 신념을 뒷받침할 증거를 찾을 수 있는가?

6단계: 새로운 가정 적용하기

마지막 단계는 새로운 규칙과 가정을 일상생활에 적용하는 것이다. 이 단계는 중요하다. 이전 규칙이 오랫동안 행동에 영향을 미쳐왔기에 새로운 관점을 받아들이려면 이에 맞게 행동을 조정해야 하기 때문이다. 새로운 행동을 반복적으로 하다 보면 그 규칙이 새로운 신념 체계로 자리 잡아 점차 마음가짐과 행동에 긍정적인 영향을 미치게 된다.

가정 재설정하기

조정하고 싶은 규칙(또는 가정)

이 규칙(또는 가정)은 내 삶에 어떤 영향을 미쳤는가?

이 규칙(또는 가정)이 작동하고 있다는 것을 어떻게 알 수 있나?

이 규칙(또는 가정)은 어디에서 비롯되었나?

이 규칙(또는 가정)은 어떤 면에서 비합리적인가?

이 규칙(또는 가정)의 장점	이 규칙(또는 가정)의 단점

더 유연하고 균형 잡힌 규칙(또는 가정)은 무엇인가?

이 규칙(또는 가정)을 일상에서 실천하기 위해 어떤 일을 할 수 있을까?

1장 요약

- 습관적인 생각 과잉은 인간관계를 해치고, 일에 지장을 주며, 몸과 마음을 완전히 지치게 한다. 다행히 이런 상태는 바꿀 수 있다. 가정 먼저 자신의 감정을 인식하고 감정을 '정보'로 받아들인다. 그러면 감정을 분석하고 처리해서 유용하게 다룰 힘을 얻게 된다.

- 감정은 좋은 것도, 나쁜 것도 아니다. 우리의 모든 경험과 감정을 있는 그대로 받아들이고 인정해야만 비로소 그것을 처리하고 앞으로 나아갈 기회를 얻는다. 우리는 감정 민감성을 길러 각각의 감정들을 구분할 줄 알아야 한다.

- 모든 감정은 그 자체로 의미가 있으며 메시지를 담고 있다. 하지만 감정은 그저 '감정'으로 이해되어야 한다.

- 반추란 자신의 상태에 대해 수동적이고 반복적인 태도로 생각을 되풀이하고, 해결책보다는 원인과 결과에 집착하는 것을 말한다. 반추는 목표를 이루지 못했거나 원하는 방향으로

나아가지 못하는 상황에 대한 반응으로 볼 수 있다. 반추에는 크게 상태 반추, 행동 반추, 과제 무관련 반추가 있다.

- 반추를 극복하려면 도움이 되지 않는 생각의 흐름을 의식적으로 끊는 것이 중요하다. 반추를 유발하는 요인과 패턴을 파악하고 반추에 빠질 것 같으면 곧바로 멈추거나 다른 활동으로 주의를 돌린다. 반추적 사고와 비반추적 사고를 자유롭게 오갈 수 있도록 연습하며, 자신만의 '노출 요법'을 연습한다. 궁극적인 목표는 지속적인 불안 요인에 직면하더라도 반추에 휩쓸리지 않는 것이다.

- 오랜 신념, 가정, 기대, 편견, 개인적 서사는 과도한 생각이나 불안 수준에 영향을 줄 수 있다. 자신과 삶과 불안에 관한 관점을 돌아보고 자신의 '메타 가정'을 재검토해본다. 도움이 되지 않는 가정은 비현실적이고 비합리적이며 경직되어 있어서 우리가 원하는 삶을 사는 데 방해가 된다.

2장

불안의 메커니즘

머릿속이 온갖 단어들로 뒤죽박죽이었던 적이 있는가? 마치 수천 명이 동시에 이야기하는 것 같거나 수백만 개의 실타래가 한데 엉켜 있는 것처럼 느낀 적은 없는가? 머릿속에서 수만 가지 생각이 질주하는 듯한 느낌이 든 적은?

이런 감당하기 힘든 감정은 불안과 과도한 생각이 머릿속을 지배할 때 흔히 나타난다. 문제는 이런 혼란에서 벗어나려는 시도가 종종 상황을 더 악화시킨다는 것이다. 결국 생각만 더 많아지고 스트레스를 받으며 불안감에 휩싸인다. 그렇다면 어떻게 해야 여기서 빠져나갈 수 있을까?

1장에서는 생각, 감정, 신념에 너무 몰입하지 않고 어느 정도 심리적 거리를 두어야 폭주하는 생각과 불안을 잠재우고 감정을 좀 더 명확히 할 수 있다는 사실을 살펴보았다.

마음이 완전히 고요하고 평온하지 않더라도 혼란스러운 생각과 소음에서 잠시라도 벗어나 상황을 객관적으로 바라보면 자신의 감정과 생각을 더 명확하게 이해할 수 있다. 이 장에서는 이를 실천하는 방법에 대해 알아볼 것이다.

모든 생각이 중요한 것은 아니다

'브레인 덤프brain dump'는 생각 과잉, 불안, 해야 할 일들, 그 외 자신이 느끼는 다양한 감정들을 종이에 자유롭게 옮겨 적음으로써 스트레스를 줄이고 머리를 가볍게 하는 데 효과적인 방법이다. 이 방법은 복잡한 생각과 감정을 종이 위에 분출함으로써 마음을 정리하고 안정시키는 일종의 치료적 글쓰기다. 실타래처럼 얽힌 머릿속 생각들을 글로 풀어내고 나면 마음이 한결 가벼워지고 문제를 좀 더 객관적으로 볼 수 있게 되어 생각을 정리하기가 훨씬 쉬워진다. 일기 같은 자유로운 글쓰기가 그렇듯이 브레인 덤프는 불안감을 줄이고 정신 건강에 긍정적인 영향을 주는 등 장점이 많다.

브레인 덤프를 포함한 규칙적인 글쓰기는 불안과 스트레스를 감소시키고, 회복력을 높이며, 수면의 질을 개선해준다. 브레인 덤프에는 특별한 규칙이 없다. 자신이 필요하다고 느낄 때 자신의 상황에 맞게 자유롭게 하면 된다. 최대 효과를 얻기 위해서는 일주일에 두세 번 이상 규칙적으로 실천하는 것이 좋다.

스트레스를 관리하는 자유로운 글쓰기

1. **시간을 정한다.**

자신에게 가장 편한 시간에 자유롭게 글을 써보자. 하루 일과를 시작하기 전이나 일과가 끝난 후에 글을 써본다. 어떤 사람은 잠들기 전에 브레인 덤프를 하는 것이 하루 동안 쌓인 긴장과 걱정을 덜어내고 숙면을 취하는 데 도움이 된다고 느낄 수 있다. 처음에는 여러 시간대에 브레인 덤프를 시도하면서 자신에게 맞는 시간대를 찾아본다.

2. **모든 생각을 자유롭게 적는다.**

머릿속에 떠오르는 생각을 자유롭게 적어보자. 이상한 생각도 좋고, 부적절해 보이는 생각도 상관없다. 어떤 판단도 내리지 말고 내키는 대로 써본다. 다른 사람의 시선을 의식하거나 맞춤법이나 띄어쓰기도 신경 쓸 필요가 없다. 중요한 건 완성된 결과물이 아니라 글을 써 내려가는 경험 자체다. 글을 다 쓰고 나서 아예 없애는 것도 하나의 방법이다. 이렇게 하면 완벽하게 글을 써야 한다는 부담이 줄어들어 글쓰기가 좀 더 편안해진다.

3. 15~20분간 계속 써 내려간다.

어느 정도 시간을 정해두고 계속 글을 써보자. 일반적으로 15~20분 정도가 적당하다. 어느 정도 글이 모이고 나면 본격적으로 분석하고 활용할 수 있다(이렇게 모은 글을 어떻게 활용할지는 잠시 후에 다시 살펴보겠다). 모아둔 글이 많을수록 반복되는 패턴이나 주제를 찾기가 쉬워진다. 시간을 다 채우지 않았더라도 필요한 내용을 모두 적었다면 글쓰기를 끝낸다.

자유로운 글쓰기는 자신의 생각과 감정을 더 잘 이해하고 감정을 표현하는 단어들을 더욱 정교하게 다듬는 훌륭한 방법이다. 이러한 글쓰기는 생각의 속도를 늦추고, 마음을 차분하게 가라앉히며, 주의 집중에도 아주 효과적이다. 하지만 주의할 점이 있다. 불안감이 높은 사람은 작은 일에도 스트레스를 받기 때문에 스트레스를 관리하는 것조차 스트레스가 될 수 있다. 자유로운 글쓰기에 특별한 규칙이나 정해진 틀은 없지만 글을 쓰는 동안에는 앞에 쓴 내용을 읽어보지 말고 생각이 흐르는 대로 끝까지 쓰려고 노력해보자.

글을 잘 쓸 필요도, 멋지게 쓸 필요도 없다. 짧게 요점만 나열해도 좋고, 긴 문장으로 써도 좋고, 남들이 알아보기 힘들게 휘갈겨 써도 좋다. 내가 알아볼 수만 있으면 된다. 주제는 오늘 힘들었던 일, 아니면 좀 더 일반적인 내용도 괜찮다. 펜을 드는 순간 어떤 생각이 떠오르는가? 아무런 판단도 하지 말고 그냥 그 생각을 쓰면 된다. 그리고 마지막에는 날짜를 꼭 기록한다.

어느 정도 기록이 모였다면 아마 반복되는 패턴이 보일 것이다. 어떤 표현을 자주 쓰는가? 어떤 생각, 감정, 주제, 신념, 가정, 문제들이 반복해서 나타나는가? 이런 감정이 나타나기 전후에 어떤 일이 있었나? 그 감정들은 보통 얼마나 지속되며 감정 변화는 어떻게 일어나는가?

스트레스 완화를 위한 더 체계적인 글쓰기

자유로운 글쓰기는 유연하게 자신의 감정 상태를 파악하고, 거기서 반복되는 패턴과 주기를 알아내는 방법이다. 하지만 그보다 체계적인 기록 방법도 있다. 그리고 이 두 가지를 조합해서 활용할 수도 있다. 자신의 삶에서 생각 과잉과 불안이 정확히 어떻게 나타나는지 정보를 좀 더 수집하고 싶다면 다음 방법을 따라 해보자.

1. 스트레스 상황 기록하기
하루 동안 경험한 스트레스 상황을 일기에 꾸준히 기록한다. 날짜와 시간은 반드시 적는다. 스트레스를 준 모든 일을 되도록 자세히 기록한다.

2. 감정 상태 기록하기

현재 느끼는 행복감을 0부터 10까지의 척도로 평가한다. 10은 가장 행복한 상태, 0은 가장 불행한 상태다. 이 평가와 더불어 현재의 감정 상태를 구체적으로 기록한다. 감정을 표현할 때 감정 차트나 감정 바퀴(감정의 종류를 정리한 원형 도표-옮긴이)를 이용해 더 적절하고 정확한 단어를 찾아본다.

3. 과제 능률 평가하기

자신의 업무나 과제를 얼마나 효과적으로 수행하는지 0부터 10까지의 척도로 평가한다. 여기서 0은 효율성이 가장 낮은 것, 10은 가장 높은 것을 의미한다. 현재 얼마나 생산적으로 업무나 과제를 수행하고 있는지, 생산성 향상에 방해되는 요인이 있는지 생각해본다. 부끄럽게 생각하거나 부정적으로 판단하지 말고 객관적으로 현재 상황을 알아가려는 자세가 필요하다.

4. 스트레스 관찰하기

스트레스의 진짜 원인이 무엇인지 객관적으로 찾아본다. 스트레스를 받을 때 나타나는 신체 변화나 감정적 반응을 구체적으로 적어둔다. 자신의 신념이나 가정이 스트레스에 어떻게 작용하는지 관찰하고 이를 기록해둔다.

5. 변화 살펴보기

스트레스 상황을 얼마나 잘 처리했는지, 자신의 반응이 문제 해결에 도움이 되었는지 아니면 오히려 상황을 악화시켰는지 되돌아본다. 시간이 지나면서 다양한 반응이 어떤 결과를 가져오는지 살펴보자. 특정 사건에 대한 감정 상태가 10분 뒤, 하루 뒤, 일주일 뒤 어떻게 달라졌는가?

6. 개선 방법 찾기

일기를 읽어보면서 반복적으로 나타나는 스트레스 요인을 찾아본다. 가장 빈번하게 나타나면서 불쾌감을 주는 스트레스 요인은 무엇인가? 그 요인을 일으키는 근본 원인이 무엇인지 분석해보고 이를 얼마나 잘 처리했는지 평가한다. 스트레스를 유발하는 상황에서 공통적으로 나타나는 요소들을 파악하고 이런 상황을 개선할 방법을 고민해본다.

다음은 스트레스 관찰 일지다. 자신의 상황에 맞게 수정해서 사용한다.

스트레스 관찰 일지

날짜/시간				
최근 가장 스트레스를 받은 사건				
지금 얼마나 행복한가? (0~10점)				
현재 기분은 어떤가?				
업무나 과제를 얼마나 효과적으로 수행하는가?				
스트레스를 일으킨 사건의 근본 원인은 무엇인가?				
현재 얼마나 스트레스를 받고 있는가? (0~10점)				
스트레스 상황에서 나타난 신체 증상				
그 사건을 얼마나 잘 처리했는가?				

불안을 시각화하라

생각 과잉을 멈추는 확실한 방법은 뭘까? 복잡한 머릿속을 정리하고 마음이 내 '적'이 아닌, 내 '편'이 되게 하는 법을 배우는 것이다. 걱정과 생각에는 중독성이 있어서 때로 '유익한 생각'과 '유익하지 않은 생각'을 명확하게 구분하는 것이 어려울 수 있다. 게다가 그 차이를 알아내는 방법은 결국 더 많이 생각해보는 것밖에 없다.

생각에 중독성이 있다는 말은 음식에 중독성이 있다는 말과 비슷하다. 음식을 먹는 행위는 정상적이고 건강한 것이며 생존에 필수적이다. 그러나 음식을 너무 많이 먹거나 잘못 먹으면 건강을 해치고 심지어 생존을 위협받을 수도 있다.

마찬가지로 생각 자체에는 아무 문제가 없다. 인간의 뇌는 놀라운 진화의 산물이다. 그 덕분에 인간은 다른 어떤 종보다 뛰어난 발전을 이룰 수 있었다. 인간의 뇌는 우리가 알고 있는 한 우주에서 가장 정교하고 복잡한 기관으로서, 창조성과 문제 해결 능력, 성장을 통해 말 그대로 세상을 변화시켰다.

하지만 이렇게 강력한 도구도 잘못 사용하면 우리에게 불리하게 작용할 수 있다. 지나친 생각이나 잘못된 사고는 우리 삶에 광범위한 영향을 미친다. 생각에 중독되면 진화, 창조, 분석,

예측과 같은 뇌의 뛰어난 능력이 우리 자신을 오히려 위험에 빠뜨릴 수도 있기 때문이다.

그렇다면 생각 과잉으로 빚어진 모든 혼란과 혼돈 속에서 생각이 주는 '장점'을 되찾을 방법은 없을까? 너무 많은 생각으로 불안한 마음은 관리가 안 된 텃밭이나 제멋대로 날뛰는 야생마에 비유할 수 있다. 우리가 전략적으로 잡초를 솎아내고 밭을 잘 관리할 수 있다면, 그리고 말을 잘 길들이고 훈련할 수 있다면 밭과 말의 잠재력을 충분히 이끌어낼 수 있을 것이다.

제멋대로 폭주하는 생각을 멈출 해결책은 단순히 생각을 덜 하거나 아무것도 생각하지 않으려고 억지로 애쓰는 것이 아니다(뒷장에서 마음챙김의 기술과 명상에 대해 알아보겠지만 이런 방법 역시 아무 생각도 하지 않는 것과는 완전히 다르다). 그보다는 생각의 방향을 더 좋은 쪽으로 이끌어가는 것이다. 쉽게 말해 제멋대로 자란 풀을 정리하고 제멋대로 질주하는 야생마를 길들이듯 생각을 훈련하는 것이다.

다행히도 생각을 너무 많이 하는 것이 문제인 사람들은 생각의 힘을 활용할 잠재력을 이미 지니고 있다. 그들에게 필요한 것은 그 힘을 긍정적이고 유익한 방향으로 이끌어줄 방법과 계획, 훈련이다.

마인드맵mind map은 생각을 긍정적으로 이끌고 훈련하는 데 효과적인 기법이다. 이 기법은 사슬의 고리를 연결하듯 생각을 체계적으로 정리해 쉽게 이해되게 구성한다. 또한 혼란스럽게 얽힌 생각이 자연스럽게 흘러서 서로 연결되고 체계가 잡히게 한다. 가장 중요한 점은 목적이 분명하다는 것이다. 마인드맵은 아무런 소득 없이 제자리에서 빙빙 맴도는 생각과 달리 의도적이고 방향성이 있으며 분명한 목표를 가지고 있다.

생각이 많은 사람에게는 자신을 과도하게 자극하는 습관이 있다. 그런데 우리는 정보의 홍수 속에서 살고 있기도 하다. 대부분은 우리에게 불필요한 정보이며, 수많은 요인이 각자의 목적을 위해 우리의 관심을 붙잡아 이용하려 한다. 이런 혼란스러운 상황에서 마인드맵은 마치 사막의 오아시스처럼 생각을 명확하게 정리하는 데 큰 도움이 된다. 그 사막이 내부에서 만들어진 것이든 외부에서 주어진 것이든 마인드맵을 통해 생각을 명확하게 정리하면 과도한 정보의 혼란 속에서도 가장 필요한 것을 찾을 수 있다.

생각 과잉은 과거에 대한 후회나 미래에 대한 걱정 때문에 상황을 필요 이상으로 분석하는 상태다. 너무 많은 생각은 불안과 우울증 같은 정신 질환을 일으킬 수 있고, 생산성을 악화시키며, 인간관계를 방해하여 전반적인 삶의 질을 떨어뜨린다. 마음은 본래 우리에게 도움이 되어야 하는데 오히려 정반대의 효과가 나타나는 셈이다. 부정적인 사고 패턴이 지속되면 어떤 상황을 분석만 하다가 결국 아무 결론도 내리지 못하게 된다. 사람들과의 관계에서 오해가 발생하고, 심지어 수면 장애나 만성 피로 같은 신체 증상이 나타나기도 한다.

1960년대 토니 부잔Tony Buzan이 개발한 마인드맵은 단순히 정보를 기록하는 수단이 아니라 다양한 수준의 브레인스토밍, 문제 해결, 의사결정에 활용되는 도구다.

마인드맵을 통해 우리 뇌에서 이루어지는 사고 과정의 자연스러운 흐름과 구조를 시각적으로 표현할 수 있다. 마인드맵은 생각을 단순히 일렬로 늘어놓거나 뒤죽박죽 섞어놓는 것이 아니라 먼저 생각의 중심을 세우고 단계적으로 배열함으로써 생각을 더 명확하게 이해하고 기억하며 활용하도록 돕는다.

마인드맵의 한 형태로 '불안 마인드맵'이 있다. 불안 마인드맵을 작성하고 평가하는 과정은 스트레스를 일으키는 생각과 믿음을 정리해서 되돌아보는 과정을 포함한다. 앞서 '브레인 덤프'로 흐트러진 생각들을 종이에 옮겨 적는 활동에 대해 알아보았다. 불안 마인드맵은 브레인 덤프에서 한 단계 더 나아간다. 우리는 아무 의미도 없는 것에 대해 지나치게 생각하며 시간을 낭비하곤 하지만 때로는 여기서 중요한 통찰이나 아이디어를 발견할 수도 있다. 불안 마인드맵은 스트레스를 일으키는 생각들을 정리해서 삶을 더 나은 방향으로 변화시켜준다.

마인드맵의 목적은 복잡한 생각을 단순하게 정리하고, 중요하지 않은 생각을 가지치기하며, 목표를 향해 나아가도록 돕는 것이다. 생각을 정리하고 단순화하는 것이 목적이라면 무질서하게 흩어진 생각들을 하나의 단어나 이미지, 문장, 기호로 표시한 뒤 다음 단계로 넘어가는 것도 좋은 방법이다. 예전에는 마인드맵을 주로 종이에 직접 그렸지만 요즘에는 다양한 유·무료 디지털 도구들이 있어 시공간의 제약 없이 언제 어디서든 쉽게 수정할 수 있다. 하지만 종이에 쓰는 것이 오히려 마음을 가볍게 해주는 측면도 있다. 한번 적으면 더는 지울 수 없기에 해방감을 느낄 수 있다.

이 과정은 낯설거나 감당하기 힘든 감정을 명확하게 이해하고 정리하는 데에도 도움이 된다. 마인드맵은 기본적으로 우리가 생각하고 느끼고 경험하는 모든 것에 메스를 들이대듯이 생각과 감정을 나누고, 사실과 인식을 구별하며, 객관적인 현실과 주관적인 경험을 구분할 수 있게 해준다.

마인드맵의 주요 구성 요소

중심 생각: 종이 한가운데에 동그라미를 그려서 표시한다.

중심 생각은 마인드맵에서 다룰 핵심 주제로서 앞으로 이루고 싶은 목표, 이벤트, 결정 등이 여기 포함된다.

1차 가지: 중심 생각에서 직접 뻗어 나오는 주제나 하위 카테고리로서 중심 생각을 더 구체적으로 확장해가는 첫 단계다.

2차 가지: 나뭇가지처럼 1차 가지와 관련된 생각을 더 세분화해 뻗어나가는 식으로 표현한다.

시각적 요소: 다양한 색깔, 크기, 기호, 비율, 이미지, 상대적 위치 등 시각적 요소를 적절히 활용하면 마인드맵을 더욱 효과적으로 그릴 수 있다. 시각적 요소를 잘 활용하면 아이디어 간의 관계, 상대적 중요성, 우선순위가 더 명확하게 전달된다.

여기까지 읽으면서 '그런데 중심 생각이 뭔지 어떻게 알 수 있지? 이 모든 생각이 어떻게 연결되는지 몰라서 이렇게 머리가 복잡한 건데!'라고 생각할 수도 있다.

사실 이 질문의 답은 마인드맵을 작성하는 과정에서 스스로 찾게 된다. 그래서 처음부터 마인드맵을 예쁘거나 완벽하게 만들려고 애쓸 필요가 없다. 오히려 계속 수정하는 과정을 반복하다 보면 생각이 점점 더 명확하게 정리될 것이다.

마인드맵은 사진을 찍듯이 우리의 머릿속을 종이에 그대로 옮기는 것이 아니다. 어차피 머릿속은 엉킨 실타래와 같은 상태가 아닌가? 마인드맵의 힘은 생각을 정리하고 구조화하는 것에 있다. 엉킨 실타래를 하나씩 천천히 풀어서 정리하는 것이다. 그렇기에 마인드맵을 만들 때는 머릿속에 있는 것을 단순히 찾아내는 것에 그치지 않고, 우리의 의지에 따라 우리가 바라는 방식으로 생각들을 연결하고 적극적으로 구조화해야 한다.

나만의 마인드맵 만들기

1. 중심 생각 정하기

가장 먼저 떠오르는 생각은 무엇인가? 예를 들어, 최근 직장 문제로 스트레스가 많은 사람은 '회사를 그만두는 것이 좋을까?'를 중심 생각으로 정할 수 있다. '엄마의 암 투병', '프레젠테이션 발표'처럼 해결하고 싶은 문제나 이루고 싶은 목표도 중심 생각이 될 수 있다.

2. 1차 가지 만들기

브레인 덤프를 할 때처럼 머릿속의 생각을 자유롭게 펼치

되, 중심 생각과 관련된 주요 문제로 1차 가지를 완성해보자. 예를 들어, '회사를 그만두는 것이 좋을까?'를 중심 생각으로 정했다면 '금전적 상황에 대한 걱정', '일에 대한 전반적인 만족도', '현재 역할에 대한 막연하고 개인적인 감정' 등이 1차 가지가 될 수 있다.

3. 2차 가지로 확장하기

각 가지를 하나씩 세분화하면서 하위 가지를 만든다. 예를 들어, '금전적 상황에 대한 걱정'이라는 가지를 더 자세히 살펴본다고 하자. 이때 느끼는 불안 요소들은 무엇인가? 새 직장을 찾고 싶지만 현재 직장보다 더 만족스러운 연봉을 받을 수 있을지 걱정스럽다거나 부족한 잔고 탓에 금전적 불안감을 느낀다는 하위 가지가 생길 수 있다. 이때 관련 없는 생각들이 떠오르더라도 중심 생각에 다시 집중하여 최대한 깊게 탐구하는 것이 중요하다. 수치심이나 실패에 대한 두려움, 특정 동료에 대한 불만 등이 떠오른다면 생각의 속도를 늦추고 관련 생각을 분리한 다음 다시 현재 주제에 집중해보자.

4. 시각적 요소로 마인드맵 확장하기

생각을 체계적으로 정리하고 있는지 확인해보자. 각각의 생각이나 아이디어가 서로 어떻게 연결되어 있는가? 중요한 주제에서 세부적인 주제로 연결되는가? 필요 없는 생각의 가지는 없는가? 서로 비슷해서 묶을 수 있는 가지가 있는가? 특정 요소 간에 인과관계를 찾을 수 있는가? 불안을 강화하는 반복적인 요소나 특정한 요인이 있는가?

마인드맵 작업을 마치면 현재 자신이 느끼는 불안이 어디에서 비롯됐는지 명확한 그림을 얻을 수 있다. 하지만 이 그림은 '해결책'이 아니라 현재 상황을 있는 그대로 보여줄 뿐이다.

이제 무엇을 해야 할까? 마인드맵을 활용해서 다음 단계를 계획해볼 수 있다. 예를 들어, 문제를 뜯어보다 보면 회사를 그만두는 것에 대한 불안이 문제의 본질이 아니라 금전적 불확실성이 문제의 본질이라는 것을 깨달을 수 있다. 그러면 자연스럽게 앞으로 나아갈 방향이 보이고 새로운 목표를 세울 수 있다. 그동안 회피해왔던 재정 상황을 인정하고 제대로 직면한다거나 재정 관련 교육 프로그램에 등록한다거나 기존의 재정 계획을 수정해 장기적으로 재정 상황을 개선해볼 수 있다.

꽁꽁 얽혀 있는 문제나 불안에 대해 계속 고민만 하며 시간을 보내는 대신 마인드맵을 활용하면 빠르게 다음 단계로 나아갈 수 있다. 마인드맵을 작성해 문제를 들여다보면 이전에는 생각하지 못한 부분을 종종 발견하게 된다. 심각하게 여겼던 문제가 사실은 별다른 문제가 아니었음을 깨달을 수도 있다.

마인드맵은 문제의 우선순위를 파악하는 데도 도움이 된다. 생각할 것이 많더라도 결국 우리가 할 수 있는 것은 '다음 행동'에 집중하는 것뿐이다. 그리고 그다음에는 '그다음 행동'에 집중하면 된다. 이 과정은 모든 것을 한꺼번에 고민하지 않고 '지금 당장 무엇을 할 것인가'에만 집중하면서 다음 단계로 차근차근 나아가게 한다. 어떤 결정을 내릴 때 마인드맵을 사용하면 관련 없는 생각이나 아이디어에 휩쓸리지 않고 한 가지 문제에 집중해 해결책을 찾을 수 있고, 그 해결책의 장단점을 파악하거나 결과를 탐색하는 데 도움이 된다.

생각을 정리하다 보면 복잡하게 얽혀 있는 생각들이 사실은 같은 생각이 다양한 형태로 반복되고 있는 것이라는 사실을 깨닫게 된다. 다시 말해 여러 생각이 뒤엉켜서 모든 것이 혼란스러워 보이지만 실제로는 같은 생각이 여러 방식으로 변주되고 있을 뿐일 경우가 많다. 마인드맵은 중복된 생각을 차분하게 정리해서 하나의 핵심적인 생각으로 요약해준다. 그러면 머릿속의 불필요한 혼란이 줄어 마음의 여유가 생긴다.

이런 방식으로 마음을 정리하고 체계화하는 연습을 할수록 자신이 주도적으로 생각을 다룰 수 있다는 확신이 생긴다. 자신이 원할 때 언제든 생각의 흐름을 멈추고, 자신의 생각과 감정을 인지하며, 그것과 어느 정도 거리를 유지할 수 있게 된다. 게다가 마인드맵은 고정된 것이 아니라서 필요에 따라 언제든 수정하고 조정할 수 있다. 사실 이런 마인드맵을 계속 만들다 보면 장기적인 관점에서 자신의 불안이나 감정 변화를 관찰할 수 있어 더 도움이 된다. 시간이 흐르면서 반복되는 패턴을 알아차리거나 새로운 패턴을 발견하게 될 수도 있고, 더 근본적인 문제를 찾게 될 수도 있다.

예를 들어, 몇 달간 마인드맵을 통해 자신을 관찰한 결과 생각하고 싶지 않은 문제가 생길 때마다 불안과 긴장감 속에서 도망치고 싶어 한다는 것을 알게 되었다고 하자. 처음에는 일과 관련된 마인드맵에서 이런 패턴을 알아차렸다면 몇 달 뒤에는 인간관계나 개인적인 목표에서도 비슷한 패턴이 나타나는 것을 발견할지도 모른다. 이처럼 마인드맵은 불안감 해소뿐 아니라 계속 자신을 이해하고 성찰하는 데도 유용한 도구다.

고장 난 뇌의 경고 시스템

머릿속의 온갖 잡념과 망상을 잠재우는 또 한 가지 확실한 방법은 자신을 괴롭히는 문제를 진지하게 살펴보는 것이다. 즉 '내가 걱정하는 문제가 정말로 걱정해야 할 문제인가?'를 따져 보는 것이다. 이 질문만으로도 머릿속의 불필요한 잡념을 크게 줄일 수 있다.

어느 날, 당신의 파트너가 평소와 달리 약간 멀게 느껴지고 마음이 딴 데 가 있는 듯한 모습을 보인다고 하자. 그 순간 당신의 머릿속에는 이런 생각들이 스친다. '왜 우리 사이가 멀게 느껴지는 걸까? 내가 뭘 잘못했나? 아니면 사랑이 식은 건가?'

우리 뇌는 잠재적인 위협이나 문제에 항상 주의를 기울이고 있기 때문에 위협이 감지되는 순간 모든 관심을 거기에 쏟는다. '내가 걱정하는 일이 실제로 일어날 가능성이 있을까?' 우리는 피해를 최소화하고, 자신을 보호하고, 문제를 해결할 방법을 고민한다. 한동안 같은 문제를 생각하고 또 생각하면서 더 많은 걱정과 불안을 느낀다. 그러다 보면 어느새 끝도 없는 생각의 터널에 갇히게 된다.

원래 불안은 우리를 위험에서 보호하기 위해 진화한 본능적 감정이다. 뇌는 오감을 통해 정보를 수집하고 분석하고 종합한다. 뇌는 주변 상황을 끊임없이 모니터링하면서 위험 요인이 감지되면 즉각적으로 신체적, 정신적 반응을 일으켜 대응한다. 뇌의 이러한 기능은 우리로 하여금 잠재적인 문제를 인식하고, 위험을 예방하며, 환경에 적응하고, 위기 상황에 대처할 수 있게 한다. 뇌의 경고 시스템이 없었다면 우리는 살아남지 못했을 것이다.

하지만 이러한 경고 시스템이 과도하게 활성화되면 실제로 위험하지 않은 상황에도 과도한 불안, 반추, 걱정을 일으킨다. 불안과 생각 과잉은 경고 시스템이 제대로 작동하지 않을 때 나타나는 증상이다. 불안 반응이 활성화되면 우리는 잠재적인 위협에 온 신경을 집중하게 된다. 하지만 이렇게 시야가 좁아지면 실제로 위협적이지 않은 상황을 위협적인 상황으로 잘못 판단하는 등 다른 문제를 초래한다.

실제보다 더 크게 느껴지는 위협은 꼬리에 꼬리를 무는 걱정과 불안을 부추긴다. 상대방은 별생각 없이 그저 소파에 앉아 창밖을 내다봤을 뿐이지만 불안의 악순환에 빠진 사람은 상대방이 자신을 떠날 것이라는 결론을 내린다. 위협을 인식하고 우선시하려는 뇌의 본능적 편향성은 생각 과잉을 더욱 부추기는데, 일반적으로 사람들은 부정적인 결과의 가능성과 심각성을 과대평가하는 반면 자신의 대처 능력은 과소평가하기 때문이다.

왜 이런 오작동이 발생할까? 이는 뇌가 상황을 잘못 판단하거나 다른 사람의 의도를 오해하거나 신체 반응을 잘못 해석하는 경향에서 비롯된다. 뇌는 실제 상황이 아니라 불확실한 예측, 다시 말해 미래에 대한 불확실성으로 인해 위협이 발생할 가능성이나 심각성을 실제보다 과장되게 해석한다.

뇌는 의식적인 과정이든 무의식적인 과정이든 경험을 통해 위협이 될 만한 것들을 학습하고 기억한다. 이를테면 편도체가 관여하는 '공포 조건화fear conditioning'가 그렇다(특정 자극이나 상황을 두려움과 연관 지어 학습하여 이후 비슷한 상황에서 자동적으로 공포 반응을 일으킨다-옮긴이). 안타깝게도 실제로 위험하지 않은 상황에서도 뇌의 위험 경보가 작동될 수 있다. 예를 들어, 예전에 사귀던 연인이 언젠가부터 조금씩 멀게 느껴지다가 갑자기 이별 통보를 한 경험이 있다면 비슷한 상황에서 뇌가 자동으로 경고 반응을 일으킬 수 있다. 하지만 이런 조건화 경험이 없더라도 뇌의 경고 시스템은 자주 오작동을 일으킨다. 확실하지 않은 상황에서도 안전을 확보하도록 진화해왔기 때문이다. 그렇더라도 우리가 이 과정에서 아무런 힘을 발휘하지 못하는 것은 아니다! 잘못된 경고를 무조건 따라야 하는 것은 아니라는 뜻이다.

연인이 약간 거리를 두는 듯해서 불안한 마음이 든다면 막연하게 불안해하는 대신 뇌의 잘못된 경고임을 인식하는 것이다. 우리는 화재경보가 울릴 때마다 진짜 불이 난 것처럼 탈출 경로를 찾고, 무엇을 챙길지 고민하고, 심한 화상을 입었을 때의 고통을 상상하지 않는다. 화재경보가 잘못 울릴 수 있다는 점을 알기 때문이다. 어디에도 불난 곳이 없다면 경고음에 불필요하게 당황하며 걱정할 필요도 없다. 마찬가지로 연인이 아무런 말도, 특별한 행동도 하지 않았다면 사실 별문제가 없다는 점을 스스로 인식해야 한다.

과도한 불안은 위협에 대한 부정확한 인식에서 비롯된 것일 경우가 많다. 불안을 효과적으로 다루는 데는 두 가지 기술이 필요하다. 첫째는 현재 상황을 차분하고 냉정하게 바라보는 마음가짐이고, 둘째는 위험 요인을 객관적으로 판단하는 능력이다. 하늘이 무너지는 것 같을 때 마음을 가라앉히고 차분하게 상황을 살펴보자. 실제로는 아무 일도 일어나지 않을 가능성이 더 크다. 멈추고, 숨을 깊이 내쉬고, 주위를 둘러보라. 서두르지 말고 천천히 상황을 살펴보면 실제보다 지나치게 문제를 과장했다는 것을 깨닫게 될 것이다.

이런 예측과 평가는 대부분 우리가 의식하지 못하는 사이에 자동적으로 이루어진다. 당신에게는 매우 현실적이고 분명한 위협처럼 보일 수도 있지만 사실 그것들은 학습되고 조건화된 것임을 기억해야 한다. 우리가 '직감'이라고 믿는 것은 과거의 반복된 경험에서 형성된 습관에 지나지 않는 경우가 많다. 상황을 제대로 바라볼 여유만 가진다면 무의식적으로 형성된 불안 반응에서 벗어나 더 주도적인 태도로 감정을 이끌 수 있다.

뇌가 위협을 과대평가하는 것도 문제이지만 자신의 대응 능력을 과소평가하거나 아예 무시하는 것도 문제다. 이 두 문제가 결합되면 위험한 사고 패턴이 형성된다. '아주 끔찍한 일이 일어날 거야……. 그리고 나는 절대 감당할 수 없을 거야.' 앞으로 일어날지 모를 부정적인 일에 지나치게 집착하다 보면 과거의 비슷한 상황에서 자신이 얼마나 잘 극복해왔는지 잊어버리곤 한다. 하지만 우리에게는 어려움을 헤쳐나갈 '힘'이 있다. 반복적으로 부정적인 생각에 빠지다 보면 자신이 무력하게 느껴지고 상황에 휘둘리는 존재로만 느껴진다. 하지만 기억하자. 과거에도 그랬듯이 우리는 문제를 해결할 다양한 방법과 자원을 갖고 있고, 어떤 어려움에든 맞설 수 있다는 사실을 말이다.

잘못된 경고인가, '직감'인가?

하지만 위협에 대한 자신의 평가가 얼마나 정확한지 판단하기 어려울 때도 있다. 만약 파트너가 정말로 나를 떠날 마음이 있다면? 정말로 내가 암에 걸린 것이라면? 인정할 것은 인정하자. 우리 삶에는 분명히 위험과 실망과 고통이 존재한다.

하지만 이는 생각만큼 그리 복잡한 문제가 아니다. 위험을 정확하게 평가할 방법은 얼마든지 있다. 때로 정보가 부족해서 위험을 제대로 평가하기 어려울 때는 '지금은 잘 모르겠어'라고 생각해도 괜찮다! 최종 판단을 유보하는 것도 언제나 하나의 선택지가 될 수 있다.

다음은 진짜 경고와 가짜 경고를 구분해주는 질문들이다. 이 질문을 통해 불안이나 두려움이 실제로 타당한지, 아니면 과도한 걱정인지 판단해보자.

1. 현재 느끼는 불안의 원인은 정확히 무엇인가?

불안을 일으키는 위험 요인이 무엇인지 파악하고 구체적으로 정의해보자. 막연한 두려움이나 불안감은 실제보다 부풀려져 느껴질 때가 많다. 이 두려움을 구체적인 말이나 글로 표현하면 그 크기나 강도가 실제에 맞게 줄어든다.

2. 그것이 실제로 일어날 가능성은 얼마나 되는가?

최대한 중립적이고 객관적으로 평가해보자. 결과를 상상하는 것만으로도 두려울 수 있지만 그 일이 실제로 일어날 가능성은 매우 낮을 수 있음을 기억하자.

3. 그 일이 실제로 일어난다면 결과가 얼마나 심각한가?

실제보다 문제를 과장해서 생각하는 것은 아닌지 솔직하게 평가해보자. 결과가 나쁠 수는 있지만 그것이 정말로 끔찍한 재앙이라기보다는 단순히 불편하거나 부끄럽거나 실망스러운 정도일 수 있다. 다시 말해 어떤 상황이 단순히 불편하거나 불쾌한 정도인지, 아니면 실제로 큰 피해가 있는지 구별하는 것이 중요하다. 물론 앞에서 위험 요인이 실현될 가능성이 매우 낮다고 판단했다면 이 질문은 할 필요가 없다.

4\. 비슷한 상황에서 과거에는 어떻게 대처했는가?

이 질문은 우리가 불안 속에서 좁아진 시야로 상황을 잘못 해석하지 않게 하고 자신에게 충분한 문제 해결 능력이 있음을 상기시켜줄 것이다.

5\. 위협에 적극적으로 대응하는 것이 그만한 가치가 있는가?

마지막으로 이 상황이 아무리 위험하고 두렵더라도 제대로 직면하고 대응하는 것이 자신의 삶을 더 의미 있게 만들어주는지 질문해본다. 경고 시스템이 과도하게 활성화되면 이 질문을 떠올리기가 어렵다. 그러나 위험을 감수하는 행동은 때때로 가치 있는 결과나 보상을 가져온다. 중요한 결정을 내릴 때는 두려움에 흔들리지 말고 자신이 중요하게 생각하는 가치와 신념을 따르자.

강박과 불안을 조절하는 생물 행동 치료법

　　UCLA 의과대학의 정신의학과 교수인 제프리 슈워츠Jeffrey M. Schwartz는 강박 장애로 인해 사고 패턴이 고정된 뇌를 재훈련하는 방법으로 '생물 행동 치료법bio-behavioral treatment'을 권한다. 이 치료법은 적용에 다소 어려움이 있긴 하지만 단순한 약물 치료보다 지속적이고 효과적인 결과를 보여준다. 슈워츠는 약물 치료는 수영 초보자를 위한 '튜브' 같은 역할을 할 뿐 약물만으로는 뇌를 재훈련할 수 없다며, 뇌를 훈련하기 위해서는 마치 기술을 배우듯이 계속 연습하고 훈련해야 한다고 강조한다. 그는 이 훈련 과정을 4단계로 설명한다. 이 방법은 원래 강박 장애 환자들을 치료하기 위해 개발됐지만 다양한 종류의 불안 문제에도 유용하게 적용할 수 있다. 이제 생각 과잉에 빠질 때 이 방법을 어떻게 적용할 수 있는지 알아보자.

1단계: 재명명

　　끊임없이 떠오르는 생각과 충동은 생각 과잉의 증상일 뿐이다. 또한 진짜 위험이 있어서가 아니라 뇌의 경고 시스템이 오작동한 결과이기도 하다. 그런 생각들을 과도한 걱정이나 잘못된 경보로 인식하고 정확한 이름을 붙여주는 것이 재명명relabel

이다. 재명명을 통해 생각들은 갖고 있던 힘을 잃게 된다. 강박장애 환자들에게 그들의 사고와 행동이 강박적인 증상에서 비롯된 충동이라 정확히 이름을 붙여주면, 환자들은 그것이 비현실적이고 근거가 없다는 것을 스스로 인식하게 된다. 마찬가지로 생각이나 걱정이 지나치게 많이 들 때에도 지금 이 사고 패턴은 '반추'일 뿐이고 문제 해결에 아무런 도움이 되지 않는다고 이름을 붙임으로써 같은 효과를 얻을 수 있다. 우리가 추구해야 할 목표는 이런 생각 자체를 없애거나 그 생각에 맞서 싸우는 것이 아니라 자신의 반응을 통제하는 것이다.

예를 들어, 어느 날 몸이 조금 불편하고 아플 때 '혹시 내가 심각한 병에 걸린 게 아닐까?', '나도 모르는 사이에 바이러스에 감염된 게 아닐까?'와 같은 생각이 떠오른다면 자신에게 이렇게 말해보라. "이건 그냥 반추야. 뇌에서 잘못된 경보를 내보내는 것뿐이야."

2단계: 재귀인

생각 과잉과 불안에 빠지는 것은 뇌의 위협 반응이 과도하게 활성화됐기 때문이다. 이런 증상이 불편하고 유용하지 않을 수 있지만 그렇다고 해서 자신에게 심각한 문제나 결함이 있다는 증거가 되는 것은 아니다. 이제 관점을 바꾸어야 한다. 과도한 생각이나 불안이 밀려올 때는 자신을 비난하거나 탓하지 말고 이 문제를 해결할 구체적인 방법에 집중한다. 호흡을 가다듬고 차분하게 자신의 내면을 살피면서 감정과 생각에 대한 통제권을 찾도록 노력하자.

3단계: 재초점

산만함은 일반적으로 좋지 못한 행동으로 여겨지지만, 반추가 뇌의 오작동으로 인한 문제라는 것을 알았다면 강박적 생각이나 감정을 무시하고 주의를 다른 곳으로 돌려야 한다. 취미 활동을 하거나 음악을 듣거나 가볍게 산책을 해도 좋다. 반복되는 생각과 싸우면 오히려 그 생각에 더 깊이 빠져들게 된다. 중요한 것은 반추하는 생각과 맞붙지 않는 것이다. 그 생각과 논쟁하거나 판단하거나 깊이 분석하거나 해부하려는 시도 모두 반추의 또 다른 형태일 뿐이다. 그러니 그냥 멈추어라. 이를 억지로 참으려 할 필요도 없다. 단지 건강하고 의미 있는 활동으로 주의를 돌리기만 하면 된다. 그러면 자신을 괴롭히던 충동은 생각보다 더 빨리 사라질 것이다.

4단계: 재평가

강박적 생각과 충동에 과하게 집중하는 걸 점차 줄여나가고, 그런 생각이 들 때마다 더 가볍게 흘려보내려 노력한다. 생각 과잉 상태는 마치 말을 잘 듣지 않는 수동 기어를 조작하는 것과 같다. 당신은 다만 뇌가 원활하게 작동하지 않는 순간을 맞닥뜨렸을 뿐이다. 그 상태를 객관적으로 바라보며, 감정적으로 거리를 두어라. 자신의 에너지와 주의력을 더 가치 있게 쓸 수 있는 일을 찾아본다. 내가 이루고 싶은 목표는 무엇인가? 어떤 사람이 되고 싶은가? 세상에 어떤 도움을 주고 싶은가? 무엇을 할 때 즐거운가? 나의 흥미를 자극하는 일은 무엇인가? 편안하게 열린 마음으로 주변을 바라보면 비로소 더 가치 있는 것들을 받아들일 수 있는 여유가 생길 것이다.

2장 요약

- 생각 과잉의 해결책은 생각을 덜하는 것이 아니라 생각의 방향을 더 좋은 쪽으로 이끄는 것이다.

- 생각, 감정, 신념과 심리적 거리를 두면 날뛰는 생각과 불안을 잠재우고 감정을 좀 더 명확하게 이해할 수 있다.

- 브레인 덤프와 같은 자유로운 글쓰기는 생각 과잉, 불안, 해야 할 일, 그 외 다양한 감정들을 종이에 자유롭게 옮겨 적음으로써 스트레스를 줄이고 머리를 가볍게 해준다. 20분 정도 자유롭게 글을 쓰고 나서 반복되는 주제를 찾아보자. 자신의 필요나 선호에 따라 더 체계적으로 접근해도 좋다.

- 불안 마인드맵은 불필요한 걱정과 실제로 해결 가능한 문제를 구분하고, 생각의 속도를 늦추며, 더 명확하고 체계적인 사고를 하는 데 도움이 된다. 또한 생각을 더 잘 이끌고 훈련하는 데 유용한 방법이다. 마인드맵은 뇌의 사고 과정의 자연스러운 흐름과 구조를 시각적으로 표현하는 기법이다. 생각

의 중심을 세우고 단계적으로 배열함으로써 생각을 더 명확하게 이해하고 기억하고 활용하기 쉽게 만든다. 마인드맵을 잘 활용하면 반복되는 걱정이나 불안에 쓰이는 에너지를 삶에 유익한 방향으로 전환할 수 있다.

- 뇌의 '잘못된 경고'를 잠재울 방법을 익히자. 뇌는 때때로 상황을 잘못 판단하거나 다른 사람의 의도를 오해하거나 자신의 신체 반응을 잘못 해석한다. 모두 뇌가 위협에 대응하는 자연스러운 반응이지만 이를 모두 따를 필요는 없다.

- 인식과 관점을 조절할 필요가 있다. 현재 상황을 차분하고 냉정하게 바라보며 위험 요인을 객관적으로 판단하도록 노력한다.

- 불안을 느낄 때 뇌의 잘못된 경고는 아닌지 질문을 던져보자. 현재 느끼는 불안의 원인은 정확히 무엇인가? 그것이 실제로 일어날 가능성은 얼마나 되는가? 그 일이 실제로 일어난다면 결과가 얼마나 심각한가? 비슷한 상황에서 과거에는 어떻게 대처했는가? 위협에 적극적으로 대응하는 것이 그만한 가치가 있는가? 강박적 사고와 불안에서 벗어나려면 '재명명', '재귀인', '재초점', '재평가'를 기억해야 한다.

3장

내 생각은
믿을 만한가

자신의 생각과 감정을 명확하게 이해하게 되면 감당하기 힘든 생각이나 감정에도 크게 부담을 느끼지 않게 된다. 대개는 이 방법만으로도 과도한 생각과 불안이 상당히 줄어든다. 이 장에서는 현재에 집중할 수 있는 방법을 알아볼 것이다.

불안은 통제되지 않고 크기도 알 수 없는 막연하고 기이한 감정이다. 하지만 우리 눈앞의 현실 세계는 훨씬 구체적이고 다루기 쉽다. 어떻게 하면 머릿속 불안에서 벗어나 현실에 집중하면서 우리를 힘들게 하는 문제들을 처리할 수 있을까?

사실보다 감정을 더 신뢰하는 뇌

마거릿은 끝없는 생각과 불안으로 고통받고 있다. 어느 날 그녀는 가벼운 모임을 마치고 집에 돌아와 또다시 생각에 잠겼다. 친구들의 웃음은 그냥 웃음이었을까? 아니면 나를 향한 비웃음이었을까? 내가 멍청한 말을 한 건 아닐까? 그 사람은 나를 왜 그렇게 쳐다봤을까? 그게 무슨 의미였을까? 혹시 다들 지금 내 얘기를 하고 있는 건 아닐까? 그녀는 자신의 마음을 괴롭히는 장면들을 비디오 돌려보듯 반복해서 떠올리며 생각하고 또 생각한다. 그녀는 이제 수만 가지 걱정들로 속이 메스꺼울 지경이다.

며칠 뒤에 같은 모임에 있었던 친구가 마거릿에게 이렇게 말한다.

"그날 너 정말 대단하더라!"

마거릿은 자신이 상상한 최악의 시나리오가 현실이 된 것만 같아 울음을 터뜨린다.

"왜 그래?" 친구가 당황하며 묻는다. "나는 그저 어떤 남자가 네 전화번호를 물어봤다고 말하려던 참이었어. 그 사람, 너한테 관심이 있는 것 같던데."

불안은 우리가 상황을 해석하는 방식을 왜곡한다. 마거릿은 과도한 생각 때문에 실제 상황을 왜곡해서 자신만의 현실을 만들고는 그 현실을 진짜라고 믿어버렸다. 불안에 압도된 나머지 긍정적이거나 중립적인 정보조차 위협으로 해석했다. 반추는 우리를 현실에서 점차 멀어지게 하며 스스로가 만들어낸 불안이나 잘못된 믿음에 더 사로잡히게 하는 나쁜 습관이다. 자신을 돌아보고 질문을 던지는 의식적인 노력을 하지 않는다면 이런 경향에서 벗어나기 어렵다.

자신에게 질문을 던져 현실을 확인하고 자신의 기대, 가정, 두려움을 객관적으로 바라보는 과정을 '현실 검증reality testing'이라고 한다. 미디어에 익숙한 사람이라면 "당신이 보고 듣는 모든 것을 그대로 믿지 말라"는 말을 들어본 적이 있을 것이다. 현실 검증은 이 말을 우리의 생각에 적용하여 '내가 생각하는 모든 것을 믿지 않고 검토'하려고 노력하는 것이다.

불안이 심한 사람들은 실제 현실이 아닌 자신이 만들어낸 왜곡된 현실에 몰두하기도 한다. 심한 불안이 오랫동안 지속되면 삶이 어딘가 불안정하고 어긋난 듯하고, 모든 게 혼란스럽고 길을 잃은 듯한 느낌이 든다. 특히 공황 발작과 같은 심한 불안의 경우 이에 대한 대처 메커니즘으로 현실감을 상실하는 증상이 나타나기도 한다. 이런 증상이 나타나는 이유는 극심한 스트레스를 처리하기 위해 뇌가 특정 기능을 차단하기 때문이다. 그 결과, 현실과 완전히 단절된 느낌을 받으면서 주변 환경을 비현실적이거나 낯설게 여긴다.

이런 왜곡은 상황을 부정적이거나 과장되게 해석하고 과도하게 생각하게 만들어 정보를 처리하고 집중력을 유지하는 능력을 더욱 떨어뜨릴 수 있다. 가벼운 어지럼증이나 과호흡 같은 불안과 관련된 신체 증상도 감각 인식에 영향을 미쳐 외부 환경을 정확히 인식하기 어렵게 한다.

이런 이야기가 무섭게 들릴 수도 있지만 해결책은 의외로 간단하다. 그저 현실에 다시 집중하면 된다! 아무리 깊은 불안의 악순환에 빠진 사람이라도 이 방법을 실천할 수 있다. 핵심은 오감을 현재 순간에 재연결하는 것이다. 일명 '5-4-3-2-1 기법'이다. 이 기법은 주변에서 볼 수 있는 다섯 가지, 만질 수 있는 네 가지, 들을 수 있는 세 가지, 냄새 맡을 수 있는 두 가지, 맛볼 수 있는 한 가지를 찾는 것이다(이와 비슷한 방식으로 변형해도 좋다). 그러면 현재 느껴지는 감각에만 집중함으로써 즉시 마음의 안정을 되찾고 현재에 집중하게 된다.

자신의 생각을 현실 검증하는 법

마음이 어느 정도 차분해지면 불안감을 좀 더 객관적이고 비판적으로 바라볼 수 있게 된다. '현실 검증'은 인지행동 치료의 핵심 이론 중 하나다. 이 방법은 구체적이고 객관적인 데이터를 바탕으로 자신의 생각과 인식을 살펴보도록 돕는다. 인지행동 치료에서는 생각, 감정, 행동이 서로 연결돼 있어서 서로 영향을 주고받을 수 있다고 본다. 즉 하나의 요소(생각)를 바꾸면 다른 요소들(감정이나 행동)에도 변화가 생긴다는 것이다. 감정을 곧바로 바꾸는 것은 쉽지 않기 때문에 현실 검증은 주로 행동이나 생각을 수정해서 긍정적인 변화를 끌어내는 데 중점을 둔다.

현실 검증은 자신의 생각과 인식이 사실인지 아닌지를 판단하기 위해 그 생각을 뒷받침하거나 반박할 증거를 찾는 방식으로 이루어진다.

1단계: 부정적인 생각, 신념, 가정 가려내기

내가 보이는 부정적인 반응은 내 생각인가, 느낌인가? 아니면 판단이나 평가인가? 지금 마주하는 것은 실제 현실이 아니라 자신만의 필터를 통해 보는 현실임을 기억하자. 다음으로 내가 가진 필터를 살펴본다. 그 필터는 상황을 이해하는 데 도움이 되는가, 아니면 방해가 되는가?

자신을 단정적으로 평가하지는 않는가("난 게으른 사람이야", "사람들은 나를 좋아하지 않아", "난 멍청해")? 성급하게 결론에 도달하거나("이번에 실패했으니 다음에도 실패할 게 뻔해") 다른 사람의 생각과 감정을 일방적으로 추측하거나("그 친구는 아마 나한테 화가 났을 거야. 그냥 그렇게 느껴져") 특정 상황 하나로 모든 것을 확대해석하거나("모든 게 엉망이야") 긍정적인 요인을 깎아내리거나 무시하지는 않는가("이 상은 내가 불쌍해서 준 거겠지?")?

자신의 생각과 감정을 알아차리고 거기에 이름을 붙여본다. 그것은 단지 내 생각과 느낌일 뿐이고 사실과 다를 수 있음을 기억하자. 그리고 상황을 있는 그대로 객관적으로 바라보자.

2단계: 데이터 수집하기

1단계에서 확인한 생각과 신념을 지지하거나 반박할 증거를 찾아본다. 한 가지 방법은 종이에 자신이 생각하는 자신의 부정적인 모습과 자신의 실제 모습을 비교해서 적어보는 것이다. 빈 종이를 두 칸으로 나눈 다음 첫 번째 칸에는 부정적 평가에 부합하는 특징, 행동, 생각을 쓴다. 예를 들어, '게으르다'는 평가를 받는 사람은 하루 종일 잠만 자거나 다른 사람에게 빌붙어 사는 특징이 있다고 적는다. 두 번째 칸에는 자신의 행동과 특성을 적는다. 이때 중립적이고 객관적인 태도를 취해야 한다. 마치 제3자가 어떤 편견도 없이 내 모습을 관찰하는 것처럼 말이다.

또 다른 방법은 자신의 생각을 지지하거나 반박하는 증거를 수집하는 것이다. 예를 들어, 빈 종이의 위쪽에 '모든 게 엉망이다'라는 생각을 적었다면 왼쪽에는 자신이 생각하는 불만족스러운 요인들을 채워 넣고, 오른쪽에는 내 삶의 긍정적인 면, 잘 풀리고 있는 일, 감사한 일, 자신의 강점, 특별히 좋거나 나쁘지 않은 상황까지 적어본다.

이때 중요한 것은 마치 과학자나 재판관이 객관적이고 중립적인 입장에서 증거를 평가하듯이 호기심을 갖고 열린 마음으로 상황을 바라보는 것이다. 그리고 자신이 이미 마음속에 정해둔 결론을 유도하기 위해 상황을 조작하지 않아야 한다. 객관성을 유지하려면 친구나 다른 사람을 위해 이 과정을 수행한다고 생각하고 증거를 수집하는 것이 좋다.

3단계: 데이터 분석하기

이제 수집한 정보를 살펴보면서 합리적이고 타당한 결론을 내릴 수 있는지 확인한다. 예를 들어, 객관적으로 게으른 사람과 자신의 특성을 비교해보고 겹치는 부분이 얼마나 있는지 살펴보라. 사실에 근거해 객관적으로 판단했을 때 어떤 차이점이 있을까? 두 목록이 완전히 똑같은가? 어떤 점이 눈에 띄는가?

자신의 생각을 지지하거나 반박하는 증거를 모았다면 둘을 비교해보자. 가령 '모든 게 엉망이다'라는 생각에 부합하는 증거와 반대되는 증거를 모았다면 두 증거를 비교해본다. 정말로 모든 게 엉망인가?

4단계: 자신에게 친절하기

수집한 데이터가 내가 아니라 내가 아는 사람이나 사랑하는 사람의 데이터라면 어떤 생각이 들까? 혹은 그 정보가 어린아이나 어린 시절의 나에 대한 것이라면 어떤 기분이 들까?

물론 실제로 증거를 수집했을 때 내가 게으르게 행동한 증거가 나올 수 있고 내 삶의 부정적인 면을 발견할 수도 있다. 그런데 그 증거가 다른 사람에 대한 것이라면 그에게도 비판적인 잣대를 들이대겠는가? 다른 사람에게 보여주는 따뜻한 이해심과 연민을 자신에게도 가져보자. 우리는 때때로 자신에게 지나치게 가혹하다. 자신을 좀 더 친절하게 대하자!

5단계: 객관적인 이해를 바탕으로 무엇을 변화시킬지 찾아보기

4단계까지 마쳤다면 5단계는 쉽다. 자신의 생각과 신념을 뒷받침하거나 반박하는 증거를 살펴보면서 그 생각과 신념이 얼마나 타당하고 합리적인지 알아본다. 나는 정말 게으른 사람인가? 그렇지 않다는 판단이 섰다면 이제 생각을 조금 수정해보자. 예컨대 특정 과제를 다루는 데 조금 어려움은 있지만 정말로 게으른 것은 아니라고 수정하거나 내 삶에 몇 가지 힘든 일은 있지만 모든 게 엉망은 아니라고 수정할 수 있다.

이런 과정을 통해 나를 가장 힘들게 하는 사람은 나이고 내가 느끼는 불안과 걱정은 대부분 내게서 비롯된다는 사실을 깨달을 수 있다. 이 사실을 깨닫는 순간 우리는 변화할 수 있고 불안도 줄일 수 있다.

계속 연습하다 보면 이 과정을 빠르고 자연스럽게 적용할 수 있게 된다. 하지만 처음에는 서두르지 말고 각 단계를 차근차근 연습하는 것이 좋다.

마지막으로 이 과정은 단순히 자신을 안심시키기 위한 것이 아님을 기억하자. 무조건 긍정적으로 생각하거나 모든 것이 괜찮다고 자신을 설득해서는 안 된다. 어차피 그렇게 설득될 것도 아니니까. 우리의 목표는 자신과 자신이 처한 상황 혹은 타인에 대해 현실적이며 합리적인 판단을 하는 것이다. 그런 다음에야 문제 해결에 필요한 적절한 행동을 할 수 있다. 실제로 문제는 있을 수 있지만 여기에 자신의 왜곡된 시각을 보태지 않아야 그 문제를 훨씬 더 명확하게 보고 더 효과적으로 해결할 수 있다.

상상인가 사실인가

한번 상상해보자. 당신은 오늘 중요한 시험을 치르고 집에 돌아왔다. 어려웠던 몇 문제가 떠오르면서 다른 답을 썼어야 했나 걱정되기 시작한다. 다른 사람들은 시험을 잘 본 것 같던데 나만 모르는 뭔가가 있었던 건 아닌지 불안은 더 커지기만 한다. 답안을 제대로 작성한 걸까? 이름을 적었던가? 이제 채점하는 사람이 내 답안을 보며 고개를 절레절레 흔드는 모습까지 그려진다. 그리고 머릿속에는 단 하나의 생각만이 맴돈다. '완전히 망했다……'

불안이 형성되는 과정은 다음과 같다.

사건 → 생각 → 감정
시험 → '시험을 망친 게 분명해' → 불안과 공포

나중에 누군가가 "너 안색이 안 좋은데, 무슨 일이라도 있어?"라고 물으면 당신은 "시험 때문에 너무 불안해"라고 답할 것이다.

하지만 생각의 흐름을 다시 들여다보면 당신은 시험 때문이 아니라 시험에 대한 생각 때문에 불안한 것이다. 우리는 불안에 사로잡히는 순간 지금 자신이 어떤 생각을 하고 어떤 감정을 느끼고 있는지 놓쳐버리고 만다. 그러한 중간 과정은 일순 생략된 것처럼 느껴지지만, 실제로 모든 불안이 발생하는 곳은 바로 그 지점이다.

변증법적 행동 치료Dialectical Behavior Therapy는 감정 조절에 초점을 맞춘 새로운 인지행동 치료법이다. 이 기법은 반복되는 사고의 소용돌이를 차단하고, 생각을 체계적으로 정리하며, 자신이 통제할 수 있는 것에 집중하는 것을 목표로 한다. 생각 과잉을 줄이기 위해 변증법적 행동 치료에서 사용되는 방법은 사실 확인이다.

사실 확인은 우리가 현실에 다시 집중하도록 도와준다. 이 과정은 우리의 감정이 유효하지만 반드시 사실인 것은 아니라는 점을 상기시킨다. 또한 감정은 상황의 일부만을 반영할 뿐 전체를 보지 못할 수도 있다. 다시 말해 우리는 사실 확인을 통해 '감정은 정보일 뿐, 반드시 따라야 하는 명령은 아니'라는 사실을 정확히 인식하게 된다.

앞의 예에서 '사실'은 무엇일까? 사실상 별것 없다. 시험을 보았다는 것과 아직 결과가 나오지 않았다는 것이 전부다. 그 외 모든 것은 추측이자 예측, 억측, 해석, 그리고 그로 인한 감정인 것이다.

사실 확인은 제한된 정보로 성급하게 최악의 결론에 도달하거나 생각 과잉에 빠질 때 이를 막아줄 유용한 기술이다. 우리의 많은 감정과 행동은 사건 자체가 아니라 사건에 대한 우리의 해석에서 비롯된다는 점을 인식하는 것이다(사건 → 생각 → 감정). 게다가 감정은 사건을 해석하는 방식에도 큰 영향을 준다(사건 → 감정 → 생각).

사실 확인으로 다음과 같은 이점을 얻을 수 있다.

- 감정을 조절하거나 감정의 강도를 줄일 수 있다.
- 감정을 있는 그대로 인정하고 받아들이되, 감정에 지배당하지 않을 수 있다.
- 혹은 이 두 가지를 동시에 할 수도 있다!

감정에 지배되지 않는 법

생각 과잉은 단순히 인지의 문제가 아니라 일종의 불안 장애와도 관련이 있다. 불안이나 그 밖의 감정에 휩쓸릴 때 자신에게 다음 질문을 던져보자.

1. 지금 느끼는 감정은 무엇인가?

이제는 이 질문이 익숙할 것이다. 첫 번째 단계는 항상 자신의 생각과 감정을 인식하고 적절한 이름을 붙이는 것이다. 나는 지금 어떤 감정을 느끼고 있는가? 그 감정은 구체적으로 신체의 어느 부위에서 느껴지는가? 감정의 강도는 어떤가?

'마음이 너무 긴장되고 불안해. 좀처럼 안정되지 않아. 아무래도 이번 시험을 망친 것 같아.'

2. 무엇이 그 감정을 유발했는가?

이제 퍼즐 조각을 맞춰보자. 지금의 감정을 느끼기 전에 어떤 일이 있었나? 정확히 언제부터 그렇게 느끼기 시작했고, 그 이유는 무엇인가? 우리는 종종 어떤 감정을 느끼게 된 이유나 원인을 잘못 알고 있다. 이 단계에서는 사실에만 집중해야 한다. 주관적인 생각이나 추측에 의존하지 말고 실제 일어난 일에만 집중해야 한다는 뜻이다.

곰곰이 생각해보니 불안한 감정이 들기 시작한 것은 시험 때문이 아니라 시험이 끝난 뒤에 친구와 잠깐 얘기를 나눈 것 때문인 듯하다. 그 친구는 5번 문제가 쉬웠다고 했지만 나는 사실 그 문제가 꽤 어려웠기 때문이다.

3. 나는 그 일을 어떻게 해석하고 있는가?

이 단계가 가장 중요하다. 우리는 이미 벌어진 사건이나 상황을 바라보는 자신만의 해석과 가정을 확인해야 한다. 나는 이 일을 어떻게 받아들이고 있는가? 어떤 '필터'를 덧씌우고 있는가? 이 질문만으로도 많은 것을 깨달을 수 있다. 질문을 통해 우리가 상황을 해석하는 방식 탓에 불안을 느끼고 있음을 알게 되기 때문이다.

모든 관심이 5번 문제에 쏠리면서 수많은 부정적인 해석과 가정을 만들어냈다는 사실을 깨달았다. 보나 마나 내 답은 틀렸고 친구의 답이 맞을 거라고 생각했다. 그러자 내가 너무 멍청하게 느껴졌고 매사 게을러서 이번에도 시험공부를 제대로 하지 않았다고 자책했다. 결국 문제 하나를 틀렸다는 생각은 시험 전체를 망쳤다는 결론으로 이어졌다. 여기까지 생각이 이르자 실제로 이 결론에는 근거가 거의 없다는 사실을 깨닫게 되었다. 내가 얼마나 부정적인 시각으로 이 사건을 바라보고 해석했는지 알게 됐다.

4. 다른 해석이 있을 수 있는가?

자신의 생각을 너무 깊이 따져보거나 엄청나게 정확한 사실을 찾으려고 애쓸 필요는 없다. 너무 복잡하게 생각하지 말고 다른 해석이나 관점의 가능성을 알아보는 정도면 된다. 지금까지 생각하지 못한 다른 사실이나 관점이 있는가? 이 사건을 바라볼 다른 가능성이 존재하는가?

> 친구의 답이 틀리고 내 답이 맞을 수도 있다는 생각이 들었다. 이 생각을 굳이 증명할 필요는 없으며 단지 그럴 수 있다는 정도만 인식한다. 내 답이 틀렸다는 생각도 하나의 가정일 뿐이다. 그리고 5번 문제는 틀렸다 쳐도 다른 문제는 다 맞을 수도 있지 않을까?

5. 아직 알 수 없는 상황을 위협적인 상황으로 가정하고 있는가?

최악의 상황을 상상하고 있는 것은 아닌가? 뇌에서 경보가 울리면 우리는 진짜 심각한 문제가 생겼다고 믿고 쉽게 휩쓸린다. 하지만 그 경고가 진짜인지 아닌지 확인하는 것이 먼저다. 정말로 위험이 있는가? 아니면 단지 내가 그렇다고 생각하는 것인가? 대부분의 경우 우리가 직면한 상황은 단순히 알 수 없는 상황일 뿐이다. 알 수 없다는 것이 반드시 위협을 의미하는 것은 아니다. 다시 말하지만 최악의 결과에만 집중하지 말고 다른 가능한 결과들도 고려해보라.

잘 생각해보니 다른 가능성도 있다는 것을 깨달았다. 시험을 완전히 망친 것은 아니고 평균 정도의 성적을 받을 수도 있을 것이다. 불안감이 심할 때는 모든 게 극단적으로 인식됐지만 이제는 다른 가능성도 보이기 시작했다. 시험을 좀 못 봤다고 세상이 끝나는 것은 아니다. 실망감은 들겠지만 다음에 더 잘하면 된다.

6. 그렇다면 최악의 시나리오는 무엇인가?

큰 문제가 생길 것 같아도 침착하게 상황을 바라보자. 불안은 위협에 대한 생각과 해석뿐 아니라 우리가 그 상황에 대처할 능력이 없다고 스스로 확신할 때 더욱 심해진다. 그럴 때는 그냥 최악의 시나리오를 직면하고 그 상황에서 내가 할 수 있는 것들을 생각해본다. 상황을 해결할 수 있는 내가 지닌 강점과 수단은 무엇인가? 과거에 비슷한 문제가 생겼을 때는 어떻게 대처했는가? 이 상황에서 내가 바꿀 수 있는 것은 무엇인가? 혹시 이 상황을 받아들이는 것도 가능한가?

시험을 망칠 수도 있다고 가정해본다. 그러면 좀 어떤가? 시험은 잘 볼 수도, 망칠 수도 있다. 설령 시험을 망친다고 해도 다음에 더 잘하면 된다. 나쁜 결과를 받아들이는 것이

썩 기분 좋은 일은 아니겠지만, 더 열심히 준비해서 다음 시험에는 좋은 결과를 받으면 그만큼 더 성장할 수 있지 않을까?

7\. 내 감정이 상황에 적절한가?

감정은 그 자체로 중요하고, 있는 그대로 느끼는 것은 자연스러운 일이다. 그러나 때때로 우리는 어떤 상황을 실제보다 지나치게 과장하거나 축소해서 받아들이기도 한다. 불안에 휩쓸릴 때는 감정을 가라앉히고 상황을 차분하게 바라보자.

> 내 생각과 감정을 되짚어보고 그것이 상황에 맞는지 평가할 수 있었다. 처음보다는 긴장감이 상당히 줄어들었다. 막연한 추측이 아닌 사실에 집중하니 불안감이 줄어들기 시작했다. 이제 이런 생각도 할 수 있게 됐다. '어차피 걱정한다고 달라지는 건 없어. 결과가 나오면 그때 대처하면 되지 뭐. 지금은 그냥 더 중요한 일에 집중하자.'

셰익스피어의 「햄릿」에 이런 대사가 있다. "세상에는 좋은 것도 나쁜 것도 없다. 우리의 생각이 그렇게 만들 뿐이다." 생각이 많은 사람들은 이 말을 이렇게 바꿔봐도 좋을 것이다. "인생에는 본래 걱정할 일도 스트레스받을 일도 없다. 다만 생각이 그렇게 만들 뿐이다."

실제로 위협이 있는가? 그렇다면 객관적으로 판단해서 적절한 행동을 하자. 만약 위협이 없다면(대부분 그럴 것이다) 자신이 상황을 인식하고 해석하는 방식에 문제가 있음을 인지하고 이를 바꾸도록 노력하자.

하지만 어떤 상황에서든 과도한 생각은 불필요하다. "얼마나 걱정해야 할까?"라는 질문에 대한 답은 언제나 같다. "걱정할 필요가 없다!"

과도한 책임감과 통제 욕구

현재에 집중하고 마음을 안정시킬 수 있는 또 한 가지 중요한 방법은 자신의 한계를 현실적으로 인식하는 것이다. 특히 시간과 에너지의 한계를 명확히 인식하는 것이 중요하다. 이 방법은 당연해 보이지만 우리는 종종 이 사실을 간과한다. 만약 당신이 생각이 지나치게 많은 사람이라면 일도 지나치게 많이 할 가능성이 높다. 즉 당신의 스트레스는 단순히 머릿속 혼란이나 반추 때문이 아니라 실제로 해야 할 일이 너무 많아서 발생하는 것일 수 있다. 과도한 책임이란 자신에게 주어진 시간과 자원으로 감당할 수 있는 것보다 더 많은 책임이나 일을 떠맡는 습관을 말한다.

사람들이 과도하게 책임을 떠맡는 데는 여러 가지 이유가 있다. 예를 들면, 도움을 주고 싶은 욕구, 타인의 문제를 떠맡으려는 성향, 어떤 일을 수락할지 거절할지에 대해 경계가 명확하지 않거나 기준이 없는 상태, 권위자의 압박, 거절을 어려워하는 성향 등이 그 이유다.

계속해서 과도한 책임을 떠맡으면 결국 자기 스스로를 압도하는 상황을 만들어낸다. 하지만 이때 느끼는 스트레스는 인지 왜곡에서 비롯된 것이 아니다. 누구라도 현실적으로 불가능한 일을 하려고 하면 스트레스를 받을 수밖에 없다. 이런 사람들은 종종 자신을 혹은 다른 사람을 실망시키지 않으려고 이것저것 다 하겠다고 약속한다. 그것이 스트레스와 걱정으로 이어지고, 여기에 죄책감과 자기비판, 미루는 습관까지 더해지면 불안의 늪에 속수무책으로 빠져들게 된다.

어떤 일을 하는 데는 마음가짐이 가장 중요하다고 생각하는 사람들이 있다. 물론 그렇기는 하지만 현실적인 한계도 결코 무시할 수 없다. 누구에게나 하루는 24시간이고, 쓸 수 있는 에너지는 한정돼 있으며, 몸이 두 개가 될 수도 없다.

어떤 사람들은 과도한 책임감과 미루는 습관이라는 두 가지 문제를 동시에 안고 끊임없이 갈등한다. 예를 들어 보자. 제이니는 새로운 프로젝트를 시작할 때마다 압박감을 느끼고 위축되어 일을 미루는 습관이 있다. 나중에는 자신의 게으름을 자책하며 이를 만회하기 위해 더 많은 일을 떠안는다. 그래서 다음 날이 되면 목표와 기준을 더 높게 설정하고, 해야 할 일의 목록에 더 많은 일을 추가한다. 하지만 이렇게 하면 부담감이 더 커지기 때문에 다시 일을 미루게 되고, 결국 악순환이 반복된다. 이렇게 보면 과도한 책임을 맡는 것이 생산성 향상에 반드시 도움이 되는 것은 아니다.

완벽주의처럼 과도한 책임감도 종종 미덕처럼 비춰지지만 실제로는 부담만 가중시키는 함정에 불과하다. 완벽주의 성향이 있거나 과도한 책임감을 느낀다면 충분히 열정적이지 않거나 의욕이 부족하다는 이유로, 또는 모든 일에 에너지가 넘치지 않는다는 이유로 자신을 너무 몰아세우지 말아야 한다. 자신의 부족함을 만회하기 위해 잠을 줄이거나 일정을 잘 관리하지 못한다는 이유로 자신을 탓하는 것은 좋은 해결책이 아니다. 오히려 자신의 한계를 인식하고 받아들인 다음 그 범위 내에서 현실적으로 계획하고 일을 조정하는 것이 필요하다.

현실과 단단히 연결된다는 건 자신의 삶을 있는 그대로 마주하고 받아들이는 걸 의미한다. 그러기 위해서 자신의 시간과 자원을 잘 파악해 활용하는 것이 중요하다. 특히 한정된 자원인 시간을 효율적으로 관리하는 것은 자신의 한계를 인정하고 현실적인 목표를 세우는 데 필수적이다.

자신의 기대치와 시간 배분 간의 연관성을 이해하기 위해 다음에서 살펴볼 시간 관리 공식이 도움이 된다. 이 공식을 잘 활용하면 시간을 어디에 쓰고 있는지, 시간 관리가 잘되고 있는지, 어디에서 문제가 발생하고 있는지를 파악할 수 있다. 또한 감정의 개입 없이 시간 사용을 객관적으로 평가하고, 불필요한 일정을 조정하여 시간을 안정적으로 관리할 수 있다.

바람직한 시간 관리를 위한 공식

$$(외부의 기대) + (내부의 기대) \leq 24시간 - (자기 관리)$$

쉽게 말해 이 공식은 삶의 외부에서 요구되는 기대와 내부에서 스스로 설정한 기대에 소요되는 총시간은 자기 관리 시간을 제외하고 하루 24시간 내에서 해결되어야 함을 나타낸다. 여기서 중요한 것은 하루 24시간을 계획할 때 자기 관리를 위한 시간도 반드시 포함시켜야 한다는 점이다.

만약 이 공식이 다음과 같은 형태라면 어떨까?

(외부의 기대) + (내부의 기대) > 24시간 - (자기 관리)

이렇게 되면 시간 압박 스트레스를 받을 확률이 높다. 여기서 '시간 압박 스트레스'란 결국 과도한 책임에서 비롯된 불안을 뜻한다. 이 공식은 사실 수학적으로 불가능하다(그리고 보는 것만으로도 스트레스다!). 여기서 유일하게 고정된 값은 24시간이다. 따라서 이 공식의 균형이 맞지 않는다면 자기 관리에 사용하는 시간을 조정하거나 기대치를 조정하는 수밖에 없다. 시간 관리 공식은 다음과 같이 활용한다.

1단계: 자기 관리 시간을 계산하기
일상생활에서 자기 관리에 해당하는 활동들을 카테고리별로 나눈다. 예를 들어, 수면, 식사, 개인의 위생 관리 등으로 나누어볼 수 있다.

수면(8시간) / 식사(1시간) / 개인 위생 관리(1시간)

'자기 관리'라는 단어에는 약간 오해의 소지가 있을 수 있다. 자기 관리가 꼭 자신만을 위한 시간을 의미하지는 않는다. 자기 관리 시간은 본질적으로 우리의 삶 그 자체다. 사람마다 자기 관리의 기준이 다를 수 있으며, 어떤 경우에는 자신을 돌보는 활동이 타인을 돌보는 활동과 겹칠 수도 있다. 수면 시간 역시 사람마다 차이가 나며, 운동, 봉사 활동, 가족 돌보기 등도 자기 관리의 일부가 될 수 있다.

내가 원하는 삶에 잘 맞는 자기 관리 시간을 찾기 위해 각 활동에 할애하는 시간을 조정하고 실험해보자. 각 카테고리의 시간을 합산하여 대략적인 자기 관리 시간을 계산한다.

수면(8시간) + 식사(1시간) + 개인 위생 관리(1시간)
= 자기 관리 시간(총 10시간)

2단계: 자신이 맡고 있는 모든 책임을 파악해서 정리하기

이제 공식의 왼쪽 항을 살펴보자. 여기에는 외부의 기대와 내부의 기대를 채워줄 모든 활동과 책임에 들이는 시간이 포함된다. 그 시간이 외부에서 요구되는 것인지, 자신이 설정한 것인지 구분하여 정리한다.

- **외부의 기대**(외부 요인이나 타인이 요구하는 것)

: 일, 출퇴근, 반려동물 돌보기, 인간관계 등
- 내부의 기대(자신이 설정한 목표나 활동)
  : 취미 활동, 자기 계발 활동, 개인 시간 등

구분이 힘들다면 그 활동이 건강과 웰빙에 필수적인지, 아니면 더 높은 목표, 즐거움, 탐구심을 위한 것인지 생각해본다. 하루 30분의 운동은 건강에 필수적이지만 아름다운 자연환경에서 즐기는 하이킹은 여가 활동이나 즐거움을 위한 경험에 더 가깝다. 물론 어떤 활동이 자기 관리를 위한 것인지, 내부의 기대에 부합하는 것인지를 명확하게 구분하기 어려울 때도 있다. 그럴 때는 그 활동이 '꼭 해야 하는 일'인지, 아니면 '하면 좋은 일'인지를 기준으로 판단하자. 모든 활동을 구분한 뒤에는 각 활동에 소요되는 시간을 합산하여 하루에 필요한 총시간을 계산한다.

- 외부의 기대: 직장 8시간 + 집안일과 반려동물 돌보기 1시간 = 9시간
- 내부의 기대: 게임하기, TV 시청 2시간 + 독서 1시간 + 자기 계발 활동 1시간 = 4시간
- 외부의 기대와 내부의 기대를 충족시키기 위해 총 13시

간을 쓰는 셈이다.

3단계: 공식에 각 항의 값을 대입하기

(외부의 기대) + (내부의 기대) ≤ 24시간 - (자기 관리)

(직장 8시간 + 집안일, 반려동물 돌보기 1시간) + (게임하기, TV 시청 2시간 + 독서 1시간 + 자기 계발 활동 1시간) ≤ 24시간 - (수면 8시간 + 식사 1시간 + 개인 위생 관리 1시간)

(9) + (4) ≤ 24시간 - (10)

(13) ≤ (14)

4단계: 결과를 분석하고 평가하기

양쪽의 합계를 구한 다음 최종 값을 잘 살펴보자. 놀랍거나 예상치 못한 부분이 있는가? 특별히 눈에 띄는 점은 없는가?

만약 왼쪽 항의 숫자가 오른쪽 항의 숫자보다 크다면 이는 과도하게 많은 책임을 떠맡고 있으며 번아웃의 위험이 있다는 뜻이다. 그 차이가 클수록 과도한 책임으로 인한 스트레스도 더 많이 느끼고 있을 수 있다. 하지만 자신이 시간을 실제로 어떻게 사용하고 있는지 제대로 파악하지 못하는 경우가 많으므로 일주일 정도 시간을 내어 시간을 어떻게 사용하고 있는지 관찰하고 기록해보는 것이 좋다.

오른쪽 항의 숫자가 왼쪽 항의 숫자보다 크다면 긍정적인 신호다. 자신에게 지나치게 많은 책임이나 기대를 지우지 않고, 균형 있게 생활하고 있다는 뜻이기 때문이다. 하지만 오른쪽 숫자가 왼쪽 숫자보다 훨씬 크다면 지나치게 책임을 피하고 있거나 자신의 잠재력, 시간, 자원을 충분히 활용하지 못하고 있는 것일 수 있다. 그럴 때는 틀에 박힌 일상에 갇힌 것은 아닌지, 좀 더 도전적인 일이 필요하지는 않은지 생각해봐야 한다.

5단계: 삶의 목표와 가치관에 따라 행동하기

사람들은 때때로 과도한 스트레스와 부담으로 삶이 걷잡을 수 없이 힘들어질 때 이를 해결하기 위해 뭔가를 더 시도한다. 그런데 이런 시도는 이미 해야 할 일로 가득한 삶에 또 하나의 과제를 추가할 뿐이다. 그래서 결국 과도한 책임을 해결하려다가 더 많은 일을 떠맡게 되는 상황에 빠진다.

삶의 목표와 가치관에 따른 행동에서 '행동'이란 또 다른 일을 추가하는 것만을 의미하지 않는다. 어떤 행동을 하지 않기로 하거나 특정 과제를 다른 과제로 대체하는 것 역시 중요한 행동이다. 자신에게 가장 적절한 방향을 찾으려면 자신의 한계와 목표, 가치관에 대해 솔직해져야 한다. 지금까지 살펴본 시간 관리 분석을 통해 자신에게 과도한 책임을 떠맡는 경향이 있음을 파악했다면 다음 몇 가지 방법으로 도움을 받을 수 있다.

- 한 달에 한 번 현재 자신이 맡고 있는 책임과 활동을 정리해서 조정하거나 삭제하거나 무시하거나 우선순위를 바꿀 수 있는지 살펴본다.
- 해야 할 일 중에 반복되는 작업이 있다면 이를 효율적으로 처리할 방법을 찾아본다. 예를 들어, 비슷한 메일을 계속 작성하는 대신 이메일 템플릿을 활용한다.
- 쉬운 일부터 해결한다. 많은 변화가 필요할 수 있지만 쉽게 해결할 수 있는 문제부터 차근차근 풀어간다. 일주일 정도 시도해보고 결과를 평가해서 다음 단계로 나아간다.
- 자신의 목표와 가치관을 점검한다. 여러 가지 일을 동시에 처리하는 것도 중요하지만 자신에게 가장 중요한 일들이 무엇인지 정기적으로 파악하는 것도 중요하다. 중요한 일을 하기 위한 충분한 시간을 확보하고 있는지 확인한다.
- 필요할 때는 '아니오'라고 말할 줄 알아야 한다. 과도한 부탁이나 책임을 받아들이는 것이 힘들다면 단호하고 정중

하게 거절한다. 그렇다고 내가 게으르고 불친절하고 야망이 없는 사람이 되는 것은 아니다. 단지 누구에게나 하루는 24시간밖에 없다는 사실을 인정하는 것이다.

3장 요약

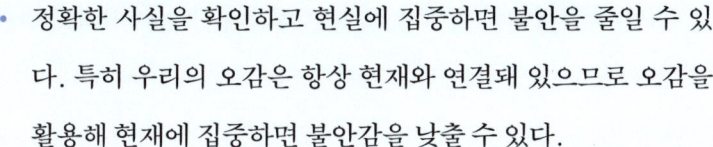

- 정확한 사실을 확인하고 현실에 집중하면 불안을 줄일 수 있다. 특히 우리의 오감은 항상 현재와 연결돼 있으므로 오감을 활용해 현재에 집중하면 불안감을 낮출 수 있다.

- 현실 검증은 인지행동 치료의 핵심 이론 중 하나로서 구체적이고 객관적인 데이터를 바탕으로 자신의 사고 패턴을 객관적으로 살펴볼 수 있게 도와준다. 먼저 부정적인 생각이나 신념, 가정을 파악하고 이를 지지하거나 반박하는 데이터를 찾아 분석한다. 이 과정에서 따뜻한 이해심과 연민을 가지고 자신을 바라보면 상황을 더 명확하고 현실적으로 파악하고 변화가 필요한 부분을 확인하는 데 도움이 된다.

- 내가 대면한 상황은 실제 현실이 아니라 자신만의 필터를 통해 보는 현실일 뿐임을 기억한다. 인지 왜곡에 주의하고, 중립적인 태도를 유지하며, 호기심을 가지고 열린 마음으로 상황을 바라보며, 자신에게 친절하자.

- 상황을 현실적이고 합리적으로 판단해야 문제 해결에 필요한 적절한 행동을 취할 수 있다. '사실 확인'은 현실을 정확히 인식하도록 도와주는 과정이다. 우리의 감정이 중요한 것은 맞지만 감정에만 의존해서 결론을 내리면 상황을 제대로 판단하지 못할 수 있다는 점을 잊지 말자.

- 많은 경우, 우리의 감정과 행동은 사건 자체가 아니라 사건에 대한 우리의 해석에서 비롯된다. 자신의 감정을 정확히 인식하고, 상황에 대한 자신만의 해석을 식별하며, 가능한 다른 해석은 없는지 살펴본다. 감정에 몰두해 현실을 왜곡하고 있지 않은지 확인한다.

- 알 수 없다는 것이 반드시 위험한 것은 아니다. 실제로 위험이 존재하는가? 그렇다면 상황을 객관적으로 판단하고 평가한 후 필요한 조치를 취한다. 위험한 상황이 아니라면, 자신이 상황을 인식하고 해석하는 방식에 문제가 없는지 살펴본다.

- 자신의 한계와 한정된 자원을 현실적으로 인식하고, 시간을 어떻게 효율적으로 관리할지 신중하게 고민하자. 과도한 책임은 스트레스와 불안의 원인이 될 수 있다.

4장

현재를 제대로 바라보는 법

1장에서는 감정에 휘둘리지 않고 있는 그대로 받아들이는 법에 대해 알아보았다. 감정을 정보로 활용하는 법을 익히고 불안이 어떻게 작용하는지 이해하게 되면 자신의 감정을 더욱 능숙하게 다룰 수 있다.

2장에서는 우리의 신념과 사고 패턴이 어떻게 형성되고 작용하는지 더 면밀하게 살펴보았고, 끊임없는 걱정과 반추 속에서도 그 안에 숨은 긍정적이고 유익한 생각들을 찾는 법을 알아보았다.

3장에서는 현재에 집중하여 불안을 다루는 실제적이고 현실적인 방법을 알아보았다. 사실을 객관적으로 바라보고 자신의 한계를 명확하게 인식하면 불필요한 걱정에서 벗어나 다시 현실 세계에 발을 딛게 된다.

4장에서는 우리가 지닌 강력한 자원인 주의력에 대해 살펴볼 것이다. 현재를 알아차리는 것은 여러 가지 면에서 우리가 통제할 수 있는 가장 확실한 행동이다. 생각이 많은 사람은 과거나 미래, 또는 상상의 세계에 빠져 있느라 현재 순간을 자주 놓쳐버린다. 최악의 상황을 상상하고 지나치게 걱정하며 극도의 두려움을 느낀다면, 생각을 한곳에 집중하지 못하고 온갖 잡념에 쉽게 휩쓸리는 것이 그 원인일 수 있다. 따라서 이 장에서는 수만 갈래로 흩어진 생각을 다시 한곳으로 모아 마음을 차분하게 다스리는 법에 대해 좀 더 깊이 알아볼 것이다.

생각 흘려보내기 연습

많은 불교 전통과 수용전념 치료acceptance commitment therapy와 같은 마음챙김 접근법에서는 마음에 두 가지 상태가 있다고 말한다. 하나는 '생각하는 마음'이고 다른 하나는 '관찰하는 마음'이다. 이 두 상태는 동시에 존재할 수 없으며, 우리는 한 번에 하나의 상태에만 머물 수 있다.

생각하는 마음은 항상 많은 생각을 만들어낸다. 추측, 판단, 충동적 반응, 논쟁, 잡념, 망상은 모두 이 생각하는 마음에서 비롯된 것이다. 이런 내면의 속삭임은 대부분 무의미한 잡음에 불과하다. 특히 불안 장애가 있거나 생각이 많은 사람들에게는 이런 끊임없는 생각들이 정신적 고통까지 일으킬 수 있다. 앞 장에서 살펴보았듯이 우리의 생각은 일종의 필터 역할을 함으로써 현실을 특정한 방식으로 해석하고 그에 따른 감정적 반응을 일으킨다. 이 필터는 바로 생각하는 마음에서 생겨난 것이며, 거기서 무수히 많은 생각과 신념, 가정, 이야기가 시작된다.

반면 관찰하는 마음은 어떤 판단이나 개입 없이 그저 지켜보기만 한다. 관찰하는 마음은 어떤 생각에 사로잡히거나 얽매이지 않고 생각을 객관적으로 관찰하는 마음챙김의 상태와 같다. 관찰하는 마음을 통해 우리는 판단이나 집착 없이 생각과 감정, 감각을 알아차릴 수 있다. 관찰하는 마음을 가지면 감정을 억누르거나 통제하려고 애쓰기보다는 내면에서 일어나는 모든 감정을 있는 그대로 받아들이며 즉각적으로 반응하지 않는 법을 연습할 수 있다.

이때 '집착'의 의미를 정확히 이해하는 것이 중요하다. 예를 들어, 어느 날 명상을 하다가 '이제 내가 명상을 좀 하는군. 많이 발전했어!'라고 생각할 수 있다. 하지만 이런 자부심이나 긍정적인 생각조차 '생각하는 마음'의 일부다. 중요한 것은 생각을 붙잡지도 피하지도 않는 것이다. 이 두 가지 모두 집착이기 때문이다. 대신 어떤 해석도 덧붙이지 말고, 어떤 판단도 내리지 말며, 그저 한 발 물러나 알아차리는 연습을 한다.

여기서 핵심은 우리가 느끼는 모든 감정을 자신과 동일시하지 말고, 잠깐 머물다가 사라지는 것으로 인식하는 것이다. 모든 감정, 생각, 느낌은 지나가는 것, 말하자면 일시적인 사건일 뿐 진정한 본질이 아니다. 궁극적으로는 감정과 심리적 거리 두기를 최대한 연습하는 것이다.

명상이 힘든 사람은 '명상이 힘들다'는 생각에 얽매이기보다 그냥 그 생각이 떠올랐다는 사실 자체를 객관적으로 바라보는 것이 중요하다. 부정적인 감정을 밀어내지도(그것 역시 일종의 집착이므로) 붙들지도 말아야 한다. 그저 가만히 앉아 현재 일어나고 있는 모든 일을 인식하는 것이 바로 알아차림이다.

명상에 능숙해지려면 오랜 연습이 필요하지만 기본 원리는 단순하다. 불필요한 집착을 떨쳐내고 의식을 한곳에 모으는 연습을 할수록 우리는 '생각하는 마음'에서 나오는 많은 생각이 의미 없는 잡념일 뿐이라는 사실을 깨닫게 된다. 그것들은 그저 잠시 머물다 사라질 뿐이다. 마음속을 떠도는 많은 생각 중에 실제로 의미 있는 것은 얼마나 될까? 가만히 생각해보면 그리 많지 않을 것이다. 의식을 집중하는 연습은 일반적인 스트레스 관리나 휴식을 할 때보다 훨씬 더 차분하게 자신을 다스리면서 끝없이 변화하는 감정 속에서도 마음의 평온함을 찾을 수 있게 돕는다.

관찰하는 마음을 기르는 법

1. 생각과 감정을 자신과 동일시하지 않는다.

격렬한 감정이나 생각이 나타나도 이는 영구적인 상태가 아니라 일시적인 상태일 뿐이라는 사실을 말로 함으로써 생각과 감정을 자신과 동일시하지 않도록 연습한다. 감정과 생각에 대한 인식은 대부분 우리의 표현에 달려 있다. 말은 일시적인 감정을 영구적이고, 모든 상황에 적용되며, 우리 자신을 규정하는 것으로 믿게 한다. 따라서 표현 방식을 바꾸면 우리의 감정이 일시적이고 제한적이라는 사실을 이해하고, 감정을 좀 더 객관적으로 바라볼 수 있게 된다.

예를 들어, "난 우울해", "난 우울한 사람이야" 등 일시적인 우울감을 확대해석하는 말은 내 삶이 계속 우울할 것처럼, 심지어 우울함이 내 정체성의 일부인 것처럼 인식하게 한다. 대신 "내가 지금 우울한 생각을 하고 있군"이라고 표현하면 내가 경험하는 감정의 크기가 즉시 줄어든다. 단지 지금 우울한 감정이 나타났을 뿐이라는 사실로 축소되는 것이다. 즉 첫 번째 단계에서는 관찰하는 마음 상태로 들어가서 자신에게 일어나는 생각과 감정을 알아차리기만 한다.

2. 생각하는 마음에 감사한다.

알아차림 연습에 너무 집중하다 보면 자기 안의 부정적인 모습과 집착을 찾는 데만 열중할 수도 있다. 이런 함정에 빠지면 은연중에 자신에게 부정적인 관점을 들이대고, 건강한 자기인식보다는 과도한 자의식에 사로잡힐 수 있다.

이 문제를 피할 한 가지 방법은 부정적인 생각과 감정에 약간의 연민과 감사를 표현하는 것이다. 이 방법은 수용전념 치료와 비슷하다. 생각하는 마음은 우리를 해치려는 끔찍한 악마가 아니다. 애초에 우리에게 생각하는 마음이 있다는 것은 나쁜 일이 아니다. 생각하는 마음은 우리가 세상을 이해하고 문제를 해결하며 심지어 성장할 수 있게 하는 하나의 도구다. 게다가 우리는 지금까지 생각하는 마음에 수많은 도움을 받아왔다.

마음챙김은 힘든 고통이나 노력이 따라야 하는 연습이 아니다. '바보 같아. 또 쓸데없는 생각에 빠졌어'라고 생각하는 대신 '생각하는 마음 때문에 오늘 중요한 일을 앞두고 내가 이렇게 긴장하는구나. 생각하는 마음은 그저 나를 도우려는 것뿐이야'라고 생각해보자. 그러면 긴장감이 어느 정도 줄어들 것이다. 떠오르는 생각들과 억지로 싸우거나 그런 생각이 드는 자신을 질책하거나 긍정적인 태도를 가지라고 자신을 설득할 필요가 없다. 관찰하는 마음의 가장 좋은 점은 바로 그것이 얼마나 편안한 상태인지에 있다. 아무것도 하지 않고 그저 그 자리에 있는 것만으로 충분하다. 이렇게 한 발 물러서서 바라보면 생각과 감정은 실제로 아무런 힘이 없다는 것을 깨닫게 된다. 생각과 감정에게 큰 힘을 부여했던 것은 오직 우리가 그것에 주었던 관심과 믿음이었을 뿐이다.

3. 생각을 가볍게 바라본다.

언제나 최악을 상상하며 힘들어하는 사람은 자신이 상황을 실제보다 훨씬 더 심각하게 보고 있다는 사실을 깨닫지 못하곤 한다. 특정한 생각과 감정에 압도되면 자신도 모르는 사이에 별로 중요하지 않거나 위험하지 않은 상황을 대단히 중요하고 위험한 상황으로 만들어버릴 수 있다. 하지만 정말 그런가? 이때 자신의 생각을 의도적으로 가볍게 바라보면 긴장감을 낮출 수 있다. 예를 들어, 만화 캐릭터가 우스꽝스러운 목소리로 내 생각을 떠들어대는 모습을 상상하거나, 코미디 프로그램처럼 웃음소리와 익살스러운 효과음을 넣어서 내가 생각하는 최악의 시나리오를 가볍고 유쾌한 장면으로 상상하는 연습을 해보자.

4. 자신의 생각을 영화처럼 관찰한다.

우리는 영화를 볼 때 스토리와 인물들의 감정에 몰입하곤 한다. 하지만 스토리도 감정도 진짜가 아닌 영화이고, 내가 있는 곳은 극장이라는 사실을 언제든 쉽게 떠올릴 수 있다.

우리가 머릿속으로 떠올리는 생각이나 상상도 어떤 의미에선 일종의 '영화'라 할 수 있다. 머릿속으로 같은 생각을 반복하고 부정적인 감정을 끄집어내는 것은 무섭고 끔찍한 영화를 끝없이 돌려보는 것과 같다. 영화를 볼 때처럼 자신의 감정을 대할 때도 그 감정은 내 머릿속에서 상영되는 것이라 생각하고 거리를 둔다. 그러면 그 감정에 얼마나 몰두할지 스스로 선택할 수 있게 된다. 영화가 보기 싫으면 언제든 영화관을 나와도 된다!

머릿속에 빈 화면을 떠올리고, 거기 내 생각과 기억, 이미지를 투영해보자. 이때 우리는 스크린 속 배우가 아니라 관객이 되어야 한다. 화면에 오가는 생각들을 특별한 판단이나 개입 없이 그저 호기심을 갖고 지켜보자. 때로는 우리의 시선을 사로잡을 만큼 강렬한 장면이 화면에 나오기도 하고, 때로는 별다른 내용 없이 지루한 장면이 펼쳐지거나 빈 화면만 나오기도 한다. 그래도 그냥 지켜보기만 하라. 관객의 입장에서 자신의 생각을 바라보면 감정은 어떻게 달라질까?

주의력을 빼앗는 가짜 불안

앞에서 말한 관찰하는 마음을 기르는 법을 실제로 연습해보면 한동안은 마음챙김과 집중력을 유지할 수 있었을 것이다. 하지만 금세 어떤 계기로 다시 생각이 흩어지지는 않았는가? 어쩌면 아주 잠깐 딴 길로 샌 것 같았는데, 문득 정신을 차리고 보니 한참 시간이 흐른 후였을지도 모른다.

생각 과잉과 주의력은 어떤 관계가 있을까? 생각이 너무 많을 때는 온갖 '잘못된 경고'와 방해 요소들이 우리의 의식을 파고들어 주의력을 빼앗는다. 한동안 마음을 집중했다가도 어떤 생각이 머릿속을 스쳐 지나가면 또 그 생각을 따라간다. 매번 그런 식이다. 그럴 때는 마음이 마치 야생마처럼 제멋대로 날뛴다. 어느 정도는 소셜 미디어와 쏟아지는 정보 탓도 있지만 사실 주의력은 저절로 생기는 게 아니라 의도적으로 훈련해야 하는 기술이다.

주의력을 기르기 어렵다고 낙담하거나 초조해하는 것은 어리석은 일이다. 근육을 키울 때처럼, 주의력을 키울 때도 꾸준한 훈련과 노력이 필요하다. 주의력 훈련 기법Attention Training Technique은 메타 인지 치료의 하나로서 효과적인 주의력 훈련을 위해 개발되었다. 이 기법의 주된 목표는 메타 인지적 신념을 강화하여 걱정이나 반추와 같은 부정적인 사고 패턴을 방해하는 것이다. 주의력 훈련 기법의 핵심은 우리에게는 언제든 괴로운 생각에서 벗어나 현재에 집중할 능력이 있다는 것에 있다. 물론 그 능력이 아직은 미숙하고 약할 수 있지만, 어쨌든 우리에게는 분명히 그 능력이 존재한다!

마음챙김을 기반으로 하는 주의력 훈련은 주의력 강화를 위한 일종의 운동이자 연습이다. 생각의 굴레에서 헤어 나오지 못하고 괴로워하는 것에 익숙한 사람이라면 두려움이 자신을 지배하고 통제하도록 오랫동안 내버려둔 것과 다름없다. 주의력 훈련 기법은 그와는 정반대로 행동하는 것을 목표로 한다. 다시 말해 내가 어디에 관심을 두고, 무엇에 집중할지를 스스로 선택하는 능력을 강화하는 것이다. 마음챙김은 현재를 있는 그대로 받아들이며 관찰하는 것을 의미하고, 여기에는 생각, 감정, 감각 등 모든 경험이 포함된다. 주의를 흩뜨리는 요소를 인식하고 현재에 집중하는 훈련을 반복하다 보면 의지력과 알아차림의 기술이 점점 강해진다.

일상 속 평범한 활동에 집중하기

설거지나 방 청소 같은 평범한 집안일을 할 때는 무의식적으로 딴생각에 빠지기 쉽다. 어찌 보면 자연스러운 일이다. 하지만 사실 이때가 주의력을 훈련하기에 아주 좋은 기회다. 일상 속의 단순하고 평범한 활동에 집중하는 훈련을 하면 효과적으로 주의력 '근육'을 단련할 수 있다. 게다가 어차피 하던 일을 하면서 그 일에 더 의식적으로 집중하면 되니 일석이조다.

1단계: 주의력 훈련에 활용할 만한 일상적인 일을 찾아본다(예, 설거지, 빨래 널기, 화분 가꾸기, 샤워, 청소, 식사, 양치질, 산책 등).

2단계: 그중 하나를 골라 '주의력 훈련 워크시트'에 그 활동을 언제, 어디서 할지 기록한다(뒤의 워크시트 참고).

3단계: 처음에는 평소처럼 그 활동을 시작한다. 특별한 노력은 필요 없다. 훈련 전에 주의력이 어느 정도인지 미리 측정해보는 것도 좋다. 즉 자신에게 집중하는 정도(생각, 신경 쓰이는 증상과 감각, 감정 등)와 현재 활동에 집중하는 정도를 백분율로 평가해서 비교해본다.

4단계: 본격적으로 주의력 훈련을 시작한다. 활동을 하다가 생각이 딴 곳으로 빠지면 특별히 부정적이거나 긍정적인 반응을 보이지 말고, 다음에 집중하여 다시 활동으로 주의를 돌린다.

- 촉각: 이 활동의 촉감은 어떤가? 질감은 어떤가(예, 거칠다, 부드럽다 등)? 이 활동을 할 때 신체의 어느 부위에 촉감이 느껴지는가? 더 많이 또는 더 적게 느껴지는 부위가 있는가?
- 시각: 무엇이 보이는가? 특별히 눈에 띄는 요소가 있는가? 어떤 시각적 특징이 있는가? 밝기, 색상, 윤곽은 어떤가?
- 청각: 어떤 소리가 들리는가? 활동 중에 어떤 종류의 소음이나 소리가 발생하는가? 그 소리들은 현재 느끼고 있는 다른 감각 정보와 어떻게 연결되는가?
- 후각: 어떤 냄새가 나는가? 활동 중에 냄새의 변화가 있는가? 몇 가지 냄새가 느껴지나? 구체적으로 어떤 냄새인가?
- 미각: 어떤 맛이 느껴지나? 활동 중에 맛의 변화가 있는가? 맛의 특징은 어떤가? 냄새, 촉감, 맛의 차이를 구별할 수 있는가? 정확히 어떤 차이가 나는가?

물론 답을 워크시트에 실제로 쓸 필요는 없다. 단지 이 질문들을 통해 감각적 요소(촉각, 시각, 청각, 후각, 미각)를 인식하고 주의력 훈련에 집중한다. 이런 감각적인 요소들에 주의를 기울여 현재 하고 있는 활동에 다시 집중하자.

5단계: 활동을 끝낸 후에는 그 활동에 얼마나 집중했는지 혹은 집중하지 못했는지 평가해본다. 이 활동을 통해 새로 알게 된 점은 무엇인가? 단, 활동하는 동안 나중에 워크시트를 어떻게 작성할지를 생각해서는 안 된다.

이 훈련을 반복하다 보면 한 가지 일에 온전히 몰입하게 되어 그 자체를 자연스럽게 즐기는 순간이 찾아올 수 있다. 신기하게도 이렇게 단순한 활동에 집중하면 오히려 시간 가는 줄도 모를 만큼 깊이 몰입하며 마음이 차분해진다. 많은 사람이 가만히 앉아 명상만 하는 것을 어색하고 불편하게 느낀다. 명상을 위해 따로 시간을 내야 하는 것 자체가 부담스럽게 느껴질 수도 있다. 하지만 이런 훈련을 하면 일상에서도 간단하게 마음챙김을 실천할 수 있어 효과적이다.

주의력 훈련을 하는 동안 무엇에 집중하고 마음을 어디에 쏟을지는 스스로 정할 수 있음을 잊지 말자. 현재 내 감정이나 상황이 어떤지는 중요하지 않다. 어디에 정신을 집중할지는 내가 정하는 것이다. 훈련에 숙달될수록 반추의 늪에 빠지지 않고 부정적인 생각이나 감정과 거리를 두는 것이 점점 쉬워진다. 또한 '생각은 내 맘대로 되지 않는다', '생각이 한번 시작되면 멈출 수 없다', '생각이 어디로 튈지 모르겠다'와 같은 기존의 믿음이나 가정을 반박하는 새로운 증거가 계속 쌓일 것이다.

기분 장애나 주의력 장애가 있는 사람들은 지나치게 자신에게만 집중하고 자신의 상태를 끊임없이 살피는 경향이 있다. 주의력 훈련의 목표는 내면을 더 깊이 성찰하는 것이 아니라 선택한 목표에 주의를 집중하며 외부로 시선을 돌리는 것이다. 주의력 훈련을 하다 보면 생각이 자꾸만 내면으로 향하려는 순간이 찾아올 것이다. 그럴 때에도 계속해서 주의를 바깥으로 돌려서 자신이 하고 있는 활동에 집중해야 한다.

마지막으로 한 가지 주의할 점이 있다. 주의력 훈련의 목표는 완벽함에 있지 않다는 것이다. 운동에서 가장 중요한 것은 꾸준한 노력이다. 마찬가지로 주의력 훈련의 목표는 과제에 100퍼센트 집중하거나 완벽하게 생각을 비우는 것이 아니라(물론 가끔 그래도 좋지만!) 주의력 훈련을 꾸준히 지속적으로 하는 것이다. 그러니 잘 안 돼도 너무 실망하거나 좌절할 필요가 없다. 주의력을 한 번 되찾을 때마다 근력 훈련을 '한 세트' 한 것으로 생각하자. 자신을 조금 더 단련했으니, 그것만으로도 축하할 일이다!

주의력 훈련 워크시트

주의력 훈련에 활용할 평범한 일:

훈련 시간과 장소:

주의력 훈련을 시작하기 전에 어디에 주의를 집중하고 있는지 확인해보자.

- 자신에게 집중하는 정도(예, 생각, 감정, 증상 등에 집중): _____%
- 활동에 집중하는 정도(예, 수행 중인 작업에 집중): _____%

100%

주의력 훈련 중에 다시 과제로 주의를 돌리기 위해 다음에 집중하라.

- 촉각: 이 활동의 촉감은 어떤가? 질감은 어떤가(예, 거칠다, 부드럽다 등)? 이 활동을 할 때 신체 어느 부위에 촉감이 느껴지는가? 더 많이 또는 더 적게 느껴지는 부위가 있는가?
- 시각: 무엇이 보이는가? 특별히 눈에 띄는 요소가 있는가? 어떤 시각적 특징이 있는가? 밝기, 색상, 윤곽은 어떤가?
- 청각: 어떤 소리가 들리는가? 활동 중에 어떤 종류의 소음이나 소리가 발생하는가?
- 후각: 어떤 냄새가 나는가? 활동 중에 냄새의 변화가 있는가? 몇 가지 냄새가 느껴지는가?
- 미각: 어떤 맛이 느껴지는가? 활동 중에 맛의 변화가 있는가? 맛의 특징은 어떤가? 냄새, 촉감, 맛의 차이를 구별할 수 있는가?

생각이 딴 곳으로 빠지는 것은 자연스러운 일이다. 그럴 때는 자책하지 말고 주의력 '근육'을 다시 단련할 기회로 삼자.

훈련을 마친 뒤에는 훈련 중에 어디에 주의를 집중했는지 확인하라.

- 자신에게 집중하는 정도(예, 생각, 감정, 증상 등에 집중): _____%
- 활동에 집중하는 정도(예, 수행 중인 작업에 집중): _____%

100%

이 훈련을 통해 무엇을 배웠는가? 이를 통해 어떤 결론을 내릴 수 있는가?

* 이 워크시트는 주의력 훈련을 처음 시작하는 사람을 위한 본보기로, 훈련할 때마다 매번 작성할 필요는 없다.

진실은 생각보다 평범하다

지금 당장 해볼 수 있는 다른 재미있는 훈련도 있다. 과거에 불안을 크게 느낀 사건이나 상황을 떠올려보자. 당시에는 그 사건이나 상황이 어떻게 끝날지 몰라 두려워하고, 최악을 상상했을지도 모른다.

하지만 실제 결과는 어땠는가? 지금 돌이켜보면 그때 두려워했던 일이 실제로 벌어지지 않았을 가능성이 크다. 어느 정도 어려움이 있었다고 해도 생각만큼 나쁘지 않았을 것이고, 예상보다 훨씬 더 잘 대처했을 수 있다. 그리고 당시에는 그 일이 큰 일처럼 느껴졌겠지만 지금은 그리 중요하게 여겨지지 않을 것이다.

모든 문제를 너무 심각하게 받아들이고 걱정에 빠지는 사람들은 최악의 시나리오를 떠올리는 경향이 있다. 이들은 스스로 두려움에 빠지는 길을 선택하고 자신을 불안과 두려움으로 몰아넣는다. 이들은 종종 작은 문제를 크게 부풀리고, 최악의 상황에만 집중해서 그 상황이 마치 실제로 일어난 것처럼 느끼고 행동한다. 마치 자기최면에 걸린 사람처럼 사소한 문제라도 결국 끔찍한 재앙으로 이어질 것이라고 자신을 세뇌시킨다.

그렇다면 걱정했던 최악의 결과가 실제로 일어나지 않았을 때 우리는 어떻게 행동하는가? 그때도 우리는 기존의 잘못된 가정을 잘 수정하지 않는다. 왜일까? 이미 다음 문제를 걱정하느라 너무 바쁘기 때문이다!

이런 경향에 깊이 관여하는 곳은 뇌의 편도체다. 편도체는 외부의 자극을 끊임없이 평가하여 그것이 잠재적인 위협인지 아닌지를 판단하고, 감정 처리에도 중요한 역할을 한다. 어떤 의미에서 편도체는 일종의 이야기꾼이다. 모든 정보를 받아들이고 해석해서 하나의 큰 그림으로 이해하도록 돕는 역할을 하기 때문이다. 하지만 이런 작업은 중립적으로 이루어지는 것이 아니라 이전에 만들어진 이야기들을 토대로 새로운 이야기를 구성하는 방식으로 이루어진다. 또한 그 이야기에 부여되는 의미와 가치는 우리의 감정과 밀접하게 관련되어 있다.

과거의 충격적 사건은 현재의 일을 정확히 평가하는 데 부정적인 영향을 미칠 수 있다. 다시 말해 우리가 어떤 위협을 미리 상상하거나 걱정하면 편도체가 이를 뒷받침하는 방식으로 주변 상황을 해석하는 경향이 있기 때문에 상황을 실제보다 더 위험하고 극단적으로 보게 된다.

정신 건강 전문가인 제이 스트링어Jay Stringer는 단순히 이런 '파국화 경향catastrophizing tendency'을 억제하기보다는 해결되지 않은 트라우마를 이해하는 것이 더 효과적이라고 말한다. 파국화는 위협을 실제보다 과장되게 인식할 때 나타나는 반응으로서 학습된 행동인 경우가 많다. 과거의 경험이나 상황 때문에 부정적인 사고방식이 강화되고, 그로 인해 고통스러운 결과를 부풀려 예상하는 습관이 형성됐을 수도 있다는 말이다. 혹은 과거에 감당하기 어려운 큰 사건을 겪었거나 부모 또는 주변 사람들이 항상 부정적인 결과를 예상하고 걱정하는 환경에서 자랐을 수도 있다. 파국화는 상황을 확대해석하고 왜곡하는 잘못된 인지적 패턴이다. 하지만 파국화 경향은 단순히 사고의 오류일 뿐만 아니라 무력감, 불안, 두려움 같은 감정적 뿌리에서 비롯되는 경우가 많다.

파국화가 학습된 행동이라면 당연히 그 습관을 고치는 것도 학습할 수 있다. 그러려면 최악의 일이 일어날 것이라는 가정과 그런 상황에 우리가 대처할 수 없을 것이라는 가정을 실제로 검증할 필요가 있다. 불안은 우리의 인식 범위를 좁히고 왜곡하기 때문에 최악의 상황에 반하는 긍정적인 증거를 무시하고 부정적인 면에만 집중하게 만든다. 이러한 불안이나 파국화 경향 때문에 우리는 새로운 정보를 받아들여도 여전히 최악의 상황을 상상하며 그 정보를 기존의 부정적이고 재앙적인 시각에 맞게 해석해버린다.

'최악의 경우, 최선의 경우, 가장 가능성이 높은 경우'를 생각해보는 것은 특정 상황에서 나타날 수 있는 여러 가지 결과를 능동적으로 고려하는 방법이다. 이는 우리가 간과하기 쉬운 긍정적인 정보나 현실적인 관점을 강제로라도 생각해보도록 유도한다. 이 기법을 사용하면 한쪽으로 치우치지 않고, 최악의 결과뿐만 아니라 최선의 결과와 가장 가능성이 높은 결과까지 모두 생각해볼 수 있다. 따라서 현재에 집중해서 감정을 가라앉히고, 차분하게 현실을 바라보고 대처할 수 있게 된다.

모든 가능성에 똑같이 주의를 기울이면 더 균형 잡힌 시각을 가질 수 있다. 또한 부정적인 사고 패턴에 갇히거나 두려운 정보에 과도하게 몰두하는 것을 피할 수 있다. 최악의 상황에 대비하는 것도 중요하지만 긍정적인 가능성이나 현실적인 결과를 예측하고 준비하는 것도 더 나은 결정을 내리는 데 도움이 된다. 경고 신호를 무시하고 위험에 대비하지 않는다면 대가가 따르듯이, 좋은 기회가 찾아왔을 때 이를 알아차리지 못하거나 순조로운 현재를 제대로 즐기고 감사하지 못하는 데도 역시 대가가 따른다는 사실을 잊지 말자.

평범한 진실

대개 우리가 경험하는 결과는 크게 좋거나 나쁘지 않은, 중간 어디쯤인 경우가 많다. 과거의 경험을 돌이켜보라. 크고 작은 기복은 있을지라도 당신이 상상했던 최악의 상황이 실제로 일어난 경우는 드물지 않은가?

그렇다고 해서 미래에 대한 두려운 예측을 무조건 무시하라는 것은 아니다. 모든 일이 계획대로 순조롭게 진행되는 것은 아니므로 잠재적인 문제를 미리 인식하고 대비하는 것은 중요하다. 그러나 기억할 점은 어쨌든 파국적 사고 자체는 아무런 도움이 되지 않는다는 것이다. 최악의 상황을 걱정만 한다고 해서 준비가 되는 것은 아니다. 오히려 미래의 상황을 더 명확하고 전략적으로 준비하는 데 방해가 될 수 있다. 그렇다면 어떻게 해야 더 균형 잡힌 방식으로 접근할 수 있을까?

불안 극복을 위한 시나리오 접근법

1. **자신의 생각과 감정을 파악한다.**

먼저 상황을 둘러싼 자신의 생각과 감정부터 인식한다. 걱정이나 두려움을 느낀다면 그대로 받아들여라. 무엇보다 비판적인 판단을 덧붙이지 말고 그 감정에 이름을 붙이자. 예를 들어, 당신이 첼로 연주회를 앞두고 있고, 불안과 스트레스가 심하다고 가정해보자.

2. 최악의 시나리오를 생각해본다.

불안을 억지로 억누를 필요는 없다. 최악의 상황을 자꾸 상상하게 된다면 그대로 받아들인다. 단, 그 과정을 의식하는 것이 중요하다. 최악의 상황을 오히려 과장되게 상상해보는 것도 괜찮다. 가장 극단적이고 부정적인 결과를 상상해보라.

최악의 시나리오로 첼로 연주회를 완전히 망치는 상황을 가정해본다.

'연주 도중에 재채기가 나오는 바람에 활이 부러진다. 다른 연주자들도 당황해서 연주가 어그러지고, 지휘자는 어쩔 줄 몰라 한다. 공연이 중단되자 관객석에서 야유가 터져 나온다. 앞줄에 앉아 있던 어린아이가 울음을 터뜨린다. 당황한 나는 무대 위에서 심장이 터져 죽을 것만 같다.'

과장된 상상이다. 하지만 실제로 이런 일이 벌어진다고 생각하고 그때의 감정과 기분을 최대한 상상해보자.

3. 최선의 시나리오를 생각해본다.

최악의 시나리오를 충분히 떠올렸다면 이제 최선의 시나리오를 상상해볼 차례다. 재밌지 않은가? 대부분의 사람은 이런 상상을 잘하지 않는다. 일어날 수 있는 가장 좋은 결과를 마음속으로 그려보자. 기대했던 것보다 더 좋은 결과가 나오게 하려면 어떤 방법이 있을까? 자신이 기대할 수 있는 최상의 결과를 상상하면서 긍정적인 가능성을 마음속에 그려보라.

이번에는 연주회가 성공적으로 끝났다고 가정해본다.

'완벽한 첼로 연주로 모두를 놀라게 한다. 공연이 끝나고 여러 사람에게서 칭찬과 격려를 받는다. 그 연주 덕분에 어쩌면 상을 받게 될지도 모른다. 나중에 알고 보니 유명한 공연 기획자가 그날 공연을 보고 나를 점찍어서 내가 꿈꾸던 오케스트라의 단원으로 임명한다.'

4. 가능성이 가장 높은 시나리오를 생각해본다.

최악의 결과와 최선의 결과를 모두 살펴봤다면 이제 좀 더 현실적인 관점에서 생각해보자. 실제로 일어날 가능성이 가장 높은 시나리오는 무엇일까? 현재 상황과 그 상황에 관한 사실들을 종합적으로 고려해서 가장 가능성이 높은 중간 지점을 찾아보자.

이제 연주회를 그럭저럭 잘 마치는 상황을 상상해보자.

'공연 초반에 긴장해서 작은 실수를 몇 번 했지만 결국 무사히 공연을 끝내고 긍정적인 평가를 받는다.'

여기서 좀 더 부정적이거나 긍정적인 다른 가능성을 몇 개 더 생각해보는 것도 괜찮다. 다만 사실에 근거해서 현실적으로 생각하자.

5. 세 가지 시나리오를 되짚어본다.

이제 모든 가능성을 다시 살펴보자. 최악의 상황만 생각하며 걱정할 때와는 다르게 어떤 기분이 드는가? 각각의 가능성을 다시 검토한 뒤 그 가능성이 실제로 일어날 확률을 고려해보자. 어떤 결과에 더 집중하고 싶은가? 여전히 마음이 불안한가? 최악의 상황이 일어날 확률이 높지 않다는 것을 알았다면 계속 불안해할 필요가 있을까?

생각 과잉과 불안의 결과를 의식적으로 인정하는 것은 불필요한 걱정과 반추를 줄이는 데 도움이 된다. 부정적인 생각에만 매달리면 어떤 손해가 발생할까? 미래를 좀 더 차분하게 바라보지 못하고 마음의 여유를 갖지 못함으로써 무엇을 잃게 될지 생각해보자. 생각 과잉과 파국화 경향은 우리가 해야 할 일이나 목표를 어떻게 방해하는가?

파국화의 가장 큰 문제는 불필요하게 우리의 시간과 에너지를 낭비시키고 정작 중요한 것들에 주의를 기울이지 못하게 한다는 점이다. 우리가 지닌 한정된 시간과 에너지, 주의력을 더 가치 있는 곳에 투자해서 유익한 결과를 얻는 방법은 없을까? 가장 가능성이 높은 결과를 고려하여 우리의 시간과 에너지, 집중력을 실제로 보상을 가져다줄 수 있는 곳에 사용하는 것이 더 현명하지 않을까?

    이런 점들을 모두 따져보면 걱정만 하는 것보다 내가 할 수 있는 일을 하면서 최대한 준비하는 것이 훨씬 더 현명하다는 결론을 얻을 것이다. 이를테면 공연 전까지 최선을 다해 준비하고 연습하면 크게 불안해하지 않고 마음을 편히 가질 수 있다. 결국 마음의 평화를 얻는 가장 효과적인 방법은 상황을 개선하려는 '의식적인 노력'이다.

4장 요약

- 주의력은 우리가 지닌 강력한 자원이다. 하지만 생각이 너무 많은 사람은 생각을 한곳에 잘 집중하지 못하고 온갖 잡념에 쉽게 휩쓸린다. 그들은 과거나 미래, 실제 존재하지 않는 상상 속의 세계에 빠져 있느라 지금 이 순간을 자주 놓쳐버린다. '생각하는 마음'보다 '관찰하는 마음'이 특정한 생각이나 감정에 집착하지 않고 객관적으로 상황을 판단하는 데 도움이 된다. 생각은 잠깐 머물다 사라지는 것이며 실제가 아니라는 것을 이해하면 그 생각에 매달리지 않고 더 쉽게 흘려보낼 수 있다.

- 대부분의 생각과 감정은 일시적이고 제한적이며 보편적이다. 떠오르는 생각과 억지로 싸우거나 그런 생각이 드는 자신을 질책하거나 긍정적인 태도를 지니도록 자신을 설득할 필요는 없다. 생각하는 마음이 주는 도움에 감사하면서 부정적인 생각을 가볍게 바라보거나 영화를 보는 것처럼 한 발짝 떨어져서 지켜보자.

- 주의력은 타고나는 것이 아니라 의식적으로 개발해야 하는 '기술'이다. 일상적인 활동에 집중하는 것을 통해서도 주의력을 개발할 수 있다. 단순하고 평범한 작업에 집중하는 훈련은 주의력 '근육'을 효과적으로 단련해준다. 괴로운 생각에서 벗어나 현재에 집중하는 능력이 아직 미숙할 수 있지만 우리는 언제든 주의를 전환할 수 있다. 생각과 감정을 통제하는 것은 자신이다. 현재의 감정 상태는 중요하지 않다. 주의를 어디에 기울일지는 자신의 선택에 달려 있다.

- 최악의 상황과 최선의 상황, 가장 가능성이 높은 상황을 각각 생각하고 비교해본다. 사람들은 문제가 생겼을 때 잠재적인 결과의 심각성을 과장하고 최악의 시나리오를 떠올리는 경향이 있다. 파국화는 상황을 확대해석하고 왜곡하는 잘못된 인지적 패턴이며, 과거의 트라우마에서 비롯된 경우가 많다. 우리는 의식적으로 인식의 폭을 넓히고 위협을 객관적으로 평가할 필요가 있다. 우리가 일반적으로 경험하게 되는 결과는 크게 좋거나 나쁘지 않은, 그 중간에 해당하는 경우가 많다.

5장

모든 것을
통제할 수는 없다

어떤 사람들에게는 스트레스가 꼭 오리의 깃털을 스쳐 지나가는 물방울처럼 가볍다. 그들이 언제나 침착하고 평온하며 여유로울 수 있는 비결은 무엇일까? 이 장에서는 일시적으로 스트레스와 불안을 극복하는 것에 그치지 않고, 어떤 상황에서도 평화롭고 안정적이며 의미 있는 삶을 살아가는 법에 대해 알아볼 것이다.

타라는 오랜 시간 심리 치료를 받은 끝에 한 가지 중요한 사실을 깨달았다. 그녀는 자신이 존경하는 사람들이 큰 어려움 없이 쉽고 편하게만 살아왔을 것이라 생각했지만 실제로는 전혀 그렇지 않다는 것을 알게 됐다. 그들도 그녀처럼 삶에서 마주하는 수많은 장애물과 스트레스, 짜증나는 일과 불확실한 요소들을 똑같이 경험했다. 하지만 한 가지 분명한 사실은 그들이 삶을 대하는 방식이 아주 특별했다는 점이다.

많은 사람이 그렇듯이 타라도 모든 문제가 정리되고 삶이 완전히 안정될 날을 무의식적으로 기다려왔다. 완벽주의자였던 그녀는 모든 일이 잘 정리되고 순탄하게 흘러가서 더 이상 아무것도 걱정할 필요가 없는 완벽한 상태에 도달하기 위해 끊임없이 노력했다.

그러던 어느 날 그녀는 결정적인 깨달음을 얻었다. 완벽한 삶이란 결코 존재할 수 없다는 것을! 타라는 자신의 삶을 '있는 그대로' 받아들이고 지금 이 순간부터 편안해지는 방법을 배워야 했다. 그 순간 그녀는 자신이 존경하던 사람들을 새로운 시각으로 바라보게 됐고, 그들이 어떻게 완벽한 삶을 유지하는지보다 어떻게 완벽하지 않은 삶을 살면서도 행복할 수 있는지가 궁금해졌다. 그녀는 그들이 모든 상황을 완벽하게 통제하는 것이 아니라 늘 의식적으로 행동하고 삶에 만족하는 법을 알고 있다는 것을 깨달았다. 이제 타라는 우리의 삶이 결코 완벽해질 수 없고 언제나 예기치 못한 어려움이 있지만 그럼에도 이런 불완전함을 받아들이고 안정감을 유지하는 것이 삶의 중요한 기술임을 믿는다.

완벽주의의 함정에서 벗어나라

완벽주의는 불가능할 정도로 높은 기준을 고수하는 태도를 말한다. 완벽주의는 필연적으로 실패를 동반한다. 기준이 너무 높으면 애초에 그 기준을 충족하기가 불가능하기 때문이다. 다시 말해 그러한 기준을 유지하는 것만으로도 목표에 도달하지 못하게 된다.

그래서 완벽주의자들은 종종 일을 미루는 경향이 있다. 목표가 너무 높으니 어떻게 보면 시작조차 하기 힘든 것이 당연하다. 특히 심각한 완벽주의자들은 아무것도 하지 않는 '마비 상태'로 자신을 몰아넣는다. 완벽주의자의 사고방식 안에서는 아무것도 하지 않고 높은 기준만 유지하는 것이 논리적으로 일관성이 있기 때문이다. 결국 그런 사람은 머릿속으로는 매우 원칙적이고 이상적인 삶을 그리지만 실제 삶에서는 아무것도 이루지 못한다.

완벽주의 성향을 지닌 사람들은 모든 것을 완벽하게 해내야 한다는 지속적인 압박감에 시달리며, 그로 인해 끊임없는 불안과 부정적인 자기 대화를 경험하게 된다. 그들은 아무리 좋은 성과를 내더라도 더 잘할 수 있었다고 생각하기 때문에 성과에 만족하지 않고 스스로를 깎아내리는 경향이 있다. 게다가 실수에 대한 두려움이 크고 어려움을 극복하는 회복력마저 부족하면 스트레스가 배가된다. 이는 오히려 생산성을 떨어뜨려 효율적으로 행동하거나 최고의 성과를 내지 못하게 만든다.

쉽게 짐작할 수 있겠지만 생각 과잉은 이런 악순환의 사이클에서 핵심적인 역할을 한다. 완벽함에 대한 기대는 대개 외부에서 주어지는 요구라기보다는 자신이 스스로에게 부과하는 요구일 때가 많다. 그러면 우리의 마음은 마치 노예를 부리는 주인처럼 현재의 내 모습과 자신이 생각하는 이상적인 내 모습을 끊임없이 비교한다. '이 정도면 충분할까?', '난 괜찮은 사람일까?', '다른 사람들은 나를 어떻게 생각할까?', '일이 잘못되면 어쩌지?'와 같은 생각이 머릿속을 떠나지 않는다.

완벽주의 성향으로 인한 압박은 두통, 근육 긴장 등 여러 가지 신체 문제로도 나타난다. 또한 완벽주의자들은 타인과의 관계를 경직시키고, 때때로 자신을 '비현실적인 기대의 덩어리'로 만들어버린다. 잘못된 가정, 상처를 주는 비교, 오해와 같은 문제도 모두 완벽주의로 인한 문제인 셈이다.

그러면 어떻게 해야 이런 문제들에서 벗어날 수 있을까? 그렇다고 완벽주의와는 완전히 반대로 게으르게 사는 것이 답은 아니다! 완벽주의로 인한 스트레스를 관리하려면 자신의 성향부터 인식해야 한다. 그다음 자신에게 더 많은 규칙과 기대와 요구를 부과하기보다는 자신을 더 너그럽게 대하도록 노력해야 한다. 쉽게 말해 완벽하지 않아도 괜찮다는 마음을 가지는 게 중요하다.

와비사비佗び寂び는 단순함, 소박함, 불완전함을 뜻하는 일본 문화의 철학적 개념이다. 특히 시간의 흐름에 따른 변화를 우아하게 받아들이는 태도를 의미한다. 와비사비는 '와비'와 '사비'가 결합된 말로, 와비는 자연스러움, 단순함, 겸손함을 의미하고 사비는 시간이 흐르며 나이 들고 시들어가는 과정에서 발견되는 아름다움을 뜻한다. 와비사비는 불교적 세계관에서 비롯된 '무상無常'과 삶의 덧없음을 이해하고, 그 속에서 아름다움을 찾는 태도를 강조한다.

도교와 선불교에 뿌리를 둔 와비사비 철학은 완벽함을 갈망하는 자아의 욕망을 버리고 현실을 있는 그대로 받아들이는 마음가짐을 추구한다. 그리고 모든 것이 완벽하게 해결될 어떤 시간이나 장소를 불안하게 상상하는 대신 용기 있게 지금 이 순간이 바로 우리의 삶임을 받아들이라고 가르친다. 모든 단점과 결점까지 있는 그대로 받아들이는 것이다. 삶을 '불완전한 모습' 그대로 포용할 때 우리는 현재를 수용하고 거기에 만족하는 법을 배우게 된다. 이 과정에서 끝없는 마음의 잡념에서 벗어나 마음챙김과 평온함의 상태로 서서히 나아가게 된다. 이런 상태야말로 완벽함이라는 허상에 불과한 평화가 아닌, 수용이라는 진정한 평화다.

마음을 열고 바라보면 결함이 있는 것들에서도 평온함과 아름다움을 발견하게 된다. 흠집이 난 컵이나 낡은 양말처럼 완벽하지는 않지만 나름의 품위와 가치가 있는 사물에서도 사랑과 애정을 느낄 수 있다. 우리 주변의 작은 결점을 받아들이기 시작하면 그 너그러움을 확장해서 자신에게도 적용할 수 있다. 우리의 개인적인 '결점'은 정말로 결점일까, 아니면 우리 존재에 개성과 고유함을 더해주는 사랑스러운 작은 흠집일까?

와비사비를 생활에 적용하는 한 가지 방법은 '적당히 하기'를 실천하는 것이다. 이 방법은 가볍게 접근할 수 있는 시도로, 모든 일을 완벽하게 해내려는 완벽주의자의 집착을 내려놓는 데 도움을 준다.

적당히 하는 법

1단계: 과제를 선택하라.
완벽하게 하지 않아도 괜찮은 활동이나 과제를 구체적으로 선택한다. 물론 심장외과 의사가 환자를 대상으로 대충 수술하는 실험을 할 수는 없으니 과제를 선택할 때는 신중해야 한다.

불완전함의 미학을 배우려면 작은 일에서부터 시작하는 것이 좋다. 예를 들면, 설거지, 운동, 정리 정돈 같은 일상적인 활동이 적당하다.

무엇보다 완벽함을 내려놓는 연습에서조차 완벽주의 성향을 발휘하지 않도록 주의하자. '완벽하게 덜 완벽해지기 위해' 애쓴다면 아무 의미가 없다! 이는 처음부터 너무 거창하고 대단한 변화를 시도하는 것이 아니다. 우선은 작고 부담 없는 일부터 시작하라. 예를 들어 설거지처럼, 객관적으로 보기에 자신이 불필요할 정도로 과도하게 높은 기준을 가지고 있는 영역을 찾아보자. 어떤 사람들은 자신만의 설거지 루틴이 있어 주방 싱크대와 그 주변을 항상 '완벽하게' 유지해야 한다는 강박이 있을 수 있다. 그러나 이런 기준은 스트레스를 유발할 뿐이다.

2단계: 일부러 완벽하지 않게 하라.

완벽하게 하지 않을 '의도적인 기준'을 정한다. 설거지를 다 끝내지 않고 싱크대에 접시 하나를 남겨두거나 조리대 주변에 튄 물을 일부러 닦지 않고 남겨두는 것이다. 자신이 보기에 완벽함에서 벗어나는 작업이나 행동을 선택하면 된다. 러닝머신에서 딱 20분을 채우지 않고 19분 46초에 멈춘다든지, 모든 재료가 준비되지 않은 상태에서 즉흥적으로 요리를 해본다든지,

이메일 초안 작성에 5분만 할애하고 이후에는 완벽하지 않아도 그냥 보내는 식으로 연습할 수 있다.

이렇게 작은 제한을 설정해 완벽주의를 통제하면 일이 미뤄지는 핑계를 막을 수 있다. 이런 연습은 완벽하지 않은 상태나 완료되지 않은 일, 일시적인 상황들에 익숙해지고, 나아가 그것들을 긍정적으로 바라보며 즐길 수 있도록 해준다.

3단계: 내면의 목소리에 귀 기울여라.

완벽주의에서 벗어나기 위해 가볍게 저항하다 보면 불편한 순간이 올 것이다. 그런 불편함 또한 받아들이자. 불완전함을 받아들이는 법을 배우는 과정도 불완전할 수밖에 없다! 모든 것을 너그럽게 받아들이고 가능하다면 약간의 유머도 곁들여보자.

직장에서 프로젝트를 진행하다 보면 완벽하지 않다는 이유로 끝없이 작업을 수정하거나, 아예 포기하라는 내면의 목소리를 들을 수 있다. 그 목소리를 그냥 알아차리기만 하고 거기 휘둘리지 않기로 선택했을 때 어떤 일이 일어나는지 지켜보라. 그 목소리는 왔다가 시간이 지나면 사라질 것이다. 그 목소리에 직접 도전해보는 것도 괜찮다. 완벽하지는 않지만 '괜찮은 수준'에 만족한다고 해서 실제로 큰 문제가 생기지는 않는다는 것을 스스로 경험해보자.

예를 들어, 싱크대는 하루하루 더러운 그릇과 깨끗한 그릇이 오가며 늘 약간은 정돈되지 않은 상태가 오히려 더 자연스러울 수 있다. 항상 완벽하게 깨끗한 싱크대보다 이런 모습이 더 편안하지 않을까? 또한 모든 세부 사항에 집착하지 않고 기본 요구 사항만 충족하는 보고서를 제출해도 여전히 긍정적인 결과를 얻을 수 있다. 실제로 적당한 수준에서 일을 마무리하고 나면 다음 중요한 일로 넘어갈 수 있다는 점에서 안도감과 자유로움도 느낄 수 있다. 때로는 불완전함 속에서 예상치 못한 특별한 뭔가를 발견하기도 한다. 때로는 생각지도 못했던 곳에서 새로운 관점이나 기회, 해결책이 떠오를 수도 있다.

와비사비는 단순히 어떤 규칙이나 실천 방법이 아니라 삶을 대하는 태도이자 방식에 가깝다. 세상에 고정된 것은 없으며 완전한 끝도 없다. 아름답고 완벽해 보이는 것조차도 시간이 지나면 결국 사라지게 마련이다. 삶을 받아들이지 않고 '이래야만 한다'는 집착을 강요하는 순간 스트레스와 저항 속에서 살아가게 된다. 삶은 그 자체로 늘 변화하고 불완전하며 부족한 것임을 받아들인다면, 어떤 기대나 요구에 집착하거나 회피하는 데 정신적 에너지를 낭비하는 것으로부터 자유로워질 수 있다.

와비사비를 실천하는 삶은 사회 통념상 추하거나 무가치한 것들 속에서도 기꺼이 가치와 아름다움을 발견하며 즐기는 태도를 보여준다. 이를 위해서는 전통적이거나 일반적인 관점에서 벗어나 우리가 당연하게 여겨왔던 가치들에 의문을 던지는 용기가 필요하다. 오래된 것은 새것보다 정말로 가치가 떨어질까? 이가 나간 찻잔은 뭔가를 잃은 것일까? 어쩌면 뭔가를 얻은 것은 아닐까? 우리가 겪는 고통과 실패, 불편함은 정말 잘못된 것일까, 혹은 삶의 일부일까? 아름다움은 영원불멸할까, 아니면 끊임없이 변화하고 움직일까?

　와비사비는 불필요한 걱정과 스트레스를 덜어주며 마음의 평화를 찾도록 돕는다. 생각의 힘은 강력하다. 완벽주의에 빠지면 생각이 너무 복잡해져서 우리의 인식은 끊임없이 비교하고 판단하며 결점만 찾아내는 도구로 변질된다. 하지만 태도를 조금만 부드럽고 따뜻하게 바꾼다면 모든 사물과 상황에 담긴 가치가 보이기 시작한다. 현재 상황이 내가 정확히 바라던 상황이 아니어도 행복할 수 있을까? 결점이 있거나 불완전한 것들도 있는 그대로 사랑할 수 있을까? 아직 오지 않은 미래의 어떤 순간을 기다리기보다 지금 바로 행복하기로 선택할 수 있는가?

와비사비 철학을 삶에 적용할 수 있는 몇 가지 팁

- 자신과 타인에게 너무 엄격하게 굴지 마라.
- 일을 미루고 있다는 생각이 들면 확신이 없거나 완벽하게 준비되지 않았더라도 일단 시작해보라.
- 결과보다 과정에 초점을 맞추라. 최종 목표나 결과에만 집착하지 말고, 지금 당장 해야 할 작은 행동이나 한 걸음에 집중하라.
- 불행, 두려움, 외로움, 분노 등을 느낄 때 피하거나 부정하지 말고 그 안에서 새로운 가치나 의미를 찾아보자. 기꺼이 껴안은 불행은 파괴력을 잃는다.
- 다양한 미디어를 무작정 소비하기보다는 자신에게 긍정적인 영향을 주는 콘텐츠를 선택하라. 계속 뭔가를 하지 않으면 스트레스나 조바심이 들게 하는 자극적인 콘텐츠는 줄여라.
- 자신의 실수나 부족함도 가볍게 웃어넘기는 여유를 갖자.
- 정신적 미니멀리즘을 실천하라. 불필요한 물건을 버리듯 불필요한 생각이나 고민도 단순화하라. 부족한 점에 집중하기보다 현재 누리는 것들에 감사하라.

불확실성을 견디는 힘

　와비사비 철학은 불완전함, 결점, 무상함을 받아들이는 데 도움이 된다. 삶이 완벽하지 않다는 사실을 보여주는 또 다른 측면은 불확실성이다. 우리가 하는 일은 대부분 결과가 보장되지 않는다. 결과를 100퍼센트 확신할 수 있는 일은 거의 없다. 우리가 아는 정보는 언제나 제한적이고 모든 일의 결과는 늘 예측이 어렵다. 다시 말해 삶은 항상 새로운 일로 가득하며, 우리의 통제를 벗어나 있다.

　결국 생각 과잉은 어느 정도 상황을 통제하려는 시도다. 우리는 어떤 상황에 대해 잘 알지 못할 때 불편함과 불안감을 없애기 위해 계속 정보를 찾거나 지나치게 깊이 생각하는 경향이 있다. 예를 들어, 병원에서 중요한 검사를 받고 결과를 기다리는 상황이라 가정해보자. 심각한 병에 걸렸을까, 아닐까? 결과는 아직 모른다. 불확실함은 사람을 더 괴롭게 한다. 어떤 사람은 나쁜 결과라도 좋으니 빨리 아는 편이 낫다고 생각할지도 모른다.

　연구에 따르면 불확실성은 객관적으로 위협의 강도에 차이가 없는 상황에서도 불편함을 크게 증가시키는 것으로 나타났다. 사람들은 충격을 받을 확률이 100퍼센트일 때보다 50퍼센트일 때 더 큰 스트레스를 받는다. 또한 사람들은 큰 불이익이 따르더라도 확실성을 선택하는 경향이 있다. 인간은 거의 본능적으로 불확실성에 대해 거부감을 갖고 있으며, 비싼 대가를 치르더라도 불확실성을 피할 수만 있다면 그렇게 할 것이다. 그러나 이러한 확실성에 대한 집착이 실제로 큰 대가를 치르게 한다. 걱정과 불안에 익숙한 사람이라면 불확실한 상황에 대한 불안이 상황 자체보다 훨씬 고통스럽다는 사실을 이미 잘 알 것이다.

그렇다면 불확실성은 대체 뭐가 문제일까?

자세히 들여다보면 우리는 일상 곳곳에서 불확실성을 줄이기 위해 끊임없이 노력하고 있다. 사랑하는 사람에게 반복적으로 연락하거나, 의사의 진료를 기다리지 못하고 조바심을 내며 인터넷에서 자신의 증상을 검색하거나, 강박적으로 이메일을 새로 고침 하는 등의 행동은 모두 알지 못하는 상태를 조금이라도 더 오래 견디지 않으려는 우리의 본능적인 시도다.

불확실성에 대한 두려움은 신경학적, 진화적 뿌리를 가지고 있다. 불확실성을 회피하려는 노력은 편도체와 전측 뇌섬엽 같은 뇌 영역의 활동을 증가시킨다. 그렇기에 불확실성을 견디는 능력은 불안, 과도한 경계심, 위험을 평가하고 반응하는 방식과 깊은 관련이 있다.

불확실성은 삶에서 일상적이고 필수적으로 다루어야 할 요소다. 사람마다 불확실성을 견디는 능력은 다르지만 삶 자체가 본질적으로 불확실하다는 사실은 변하지 않는다. 그 말은 곧 불확실성을 무시하거나 우리 힘으로 해결할 수 없는 것을 해결하려는 함정에 빠지는 대신 불확실성을 더 잘 이해하고 견디며, 심지어는 그 속에서 성장하는 법을 배우는 책임이 우리 모두에게 있다는 의미다.

불안이 심하고 걱정이 지나치게 많은 사람은 불확실성을 견디지 못해서 종종 과도하게 계획하고 준비하고 생각한다. 불확실성으로 인한 어느 정도의 불편감은 당연하다. 그러나 불확실성에 약한 사람은 끊임없이 상황을 통제하려 하거나 변화에 적응하는 것을 어려워한다. 다음은 불확실성에 대한 내성이 아직 충분히 발달하지 못했음을 알려주는 신호다.

- 항상 타인의 확신이나 인정을 구한다.
- 자신의 생각이나 감정을 잘 모르는 채로 다른 사람의 의견을 먼저 확인한다.
- 해야 할 일의 목록에 지나치게 의존하며, 일상의 작은 일들까지 체계적으로 통제하려 한다.
- 어떤 결정을 내리거나 불확실한 상황을 해결하고 싶을 때

계속 정보를 찾아보지만 그럴수록 더 확신이 없어지고 혼란스럽다고 느낀다.
- 자신감이 부족하고 스스로 문제를 해결할 능력이 없다고 믿는다.
- 기다리지 못하고 성급하게 결론을 내린다.
- 특히 상황이나 과정을 완전히 이해하지 못할 때 다른 사람이 주도하는 것을 신뢰하지 못하고 불안해하며, 스스로 통제하려는 성향이 강하다.

불확실성을 '견디는 것'처럼 행동하는 법

불확실한 상황이 생겼다고 해서 곧바로 대응하거나 문제를 해결하려고 덤빌 필요는 없다. 불확실성은 우리의 적이 아니다! 때때로 그렇게 느껴질 수는 있지만 불확실성에 취약한 것은 큰 문제가 아니다. 불확실성은 삶의 본질적인 특성이므로 이를 더 편안하고 여유롭게 받아들이는 방법을 배우면 된다.

1단계: 생각과 행동의 목록 작성하기
불확실성을 줄이거나 피하기 위해 하는 생각과 행동의 목록을 작성한다. 처음에는 이를 인식하는 데 시간이 좀 걸릴 수 있다. 목록에는 확신을 구하거나 여러 번 확인하거나 미루는 행동 등이 포함될 수 있다. 자신을 비판하거나 평가하지 말고 불확실성을 줄이기 위한 생각과 행동들을 매일 기록하면서 그것들이 삶에 어떤 영향을 미치는지 주의 깊게 살펴보자.

2단계: 불안 수준 평가하기

앞에서 확인한 행동을 할 수 없을 때 느끼는 불안감을 1부터 10까지의 척도로 평가한다. 약간의 불안감을 느낀다면 1, 극도의 불안감을 느낀다면 10으로 평가한다. 그러면 불안감의 정도에 따라 행동들을 순위대로 정리할 수 있다. 불안 수준을 나타내는 표를 작성하여 목록에 다양한 항목을 추가해서 살펴보면 자신이 어떤 상황에 가장 불안도가 높은지 발견하게 된다. 예를 들어, 어떤 사람은 직장에서 불확실성을 더 견디지 못해서 동료의 결정을 의심하거나 계속 확인하고, 다른 사람의 업무에 지나치게 간섭하고 통제할 수 있다.

3단계: 불확실성을 견디는 연습하기

목록에서 행동을 하나 선택해 그 행동을 하지 않는 연습을 함으로써 불확실성에 대한 내성을 키운다. 불안감이 가장 낮은 행동부터 시작해 차츰 높은 행동으로 옮겨간다. 한 가지 행동을

◆ **불안 수준 평가표** ◆

불확실성을 줄이거나 피하기 위한 행동들	불안 수준
다른 사람이 일을 제대로 할지 확신할 수 없어서 그 일을 대신 해준다.	10
누군가 외출했을 때 그 사람이 괜찮은지, 언제 돌아올지 계속 전화나 메시지로 확인한다.	10
일의 진행 상황을 확실히 하기 위해 다른 사람의 일을 필요 이상으로 미리미리 확인한다.	8
새로 만난 데이트 상대가 내게 정말 호감이 있는지 궁금함을 참을 수 없어서 휴대전화를 계속 확인한다.	6

선택한 뒤에 일주일 동안 몇 번이라도 그 행동을 의도적으로 피해보라. 그리고 그렇게 했을 때 기분이 어떤지, 실제로 그 행동을 하지 않았을 때 어떤 결과가 발생하는지 관찰해보자. 예를 들어, 동료에게 의도적으로 업무를 맡긴다고 가정해보자. 동료가 일을 제대로 해낼지 확신이 들지 않아 스트레스를 받을 것이다. 하지만 그냥 그 감정을 알아차리기만 하고 감정에 휘둘리지 말자. 이메일이나 전화로 진행 상황을 계속 체크하지도 않는다. 일이 잘못될 수도 있다는 생각이 떠올라도 그 생각을 따라가지 않는다.

4단계: 경험을 기록하고 분석하기

연습 과정을 모두 기록한다. 불확실성을 견디는 것이 익숙하지 않더라도 잘 견디는 사람처럼 행동할 때마다(예, 평소와 다르게 행동한 경우) 기록해둔다. 다음을 기록해보자.

- 구체적으로 어떤 행동을 했는가? 혹은 하지 않았는가?
- 그때 기분이 어땠는가?
- 그렇게 행동하는 것이 생각보다 쉬웠는가? 아니면 어려웠는가?
- 결과는 어땠는가?
- 확신이 부족한 상태에서도 일이 잘 풀렸는가?
- 일이 계획대로 되지 않았다면 구체적으로 어떤 일이 벌어졌는가? 그때 어떻게 대처했는가?
- 이 연습을 통해 무엇을 알게 되었는가?

불확실성에 대한 두려움을 극복하려면 때로는 약간의 불확실성을 견디는 과정이 필요하다. 불확실성을 견디는 연습을 통해 불확실성에 대한 기존의 부정적인 믿음이 어떻게 변화하는지 관찰해보자. 처음에는 불편하게 느껴질 수 있지만 시간이 지날수록 생각보다 훨씬 견딜 만하다는 것을 알게 될 것이다.

아모르 파티, 네 운명을 사랑하라

불확실성에 대한 내성을 기르는 데에는 라틴어로 '운명을 사랑하라'는 뜻을 지닌 아모르 파티Amor Fati라는 개념이 도움이 된다. 이는 우리의 '운명'이 어떤 모습이든 받아들이고 사랑하도록 격려하는 철학적 개념이다. 아모르 파티의 핵심은 삶의 불확실성을 받아들이고 힘든 삶 속에서도 의미를 찾는 데 있다. 이 개념은 에픽테토스와 마르쿠스 아우렐리우스에게서 유래했지만 삶의 매 순간은 영원히 되풀이되므로 그 삶을 기꺼이 받아들이고 긍정하는 삶을 살라는 실존주의 철학자 니체의 '영원회귀' 개념을 통해 더욱 유명해졌다.

니체는 다음과 같이 말했다.

> 인간의 위대함에 대한 나의 공식은 아모르 파티다. 즉 앞으로도, 과거로도 영원토록 아무것도 달라지기를 바라지 않는 것이다. 피할 수 없는 현실이나 운명을 단순히 감내하는 것이 아니라 더 나아가 그것을 숨기려 하지 않고—모든 이상주의는 필연성 앞에서는 거짓이므로—사랑하는 것이다.

이렇게도 말했다.

> 나는 사물에서 필연적인 것을 점점 더 아름답게 보는 법을 배우고 싶다. 그러면 나는 사물을 아름답게 만드는 사람들 중 하나가 될 것이다. 아모르 파티, 그것이 이제부터 내 사랑이 되게 하라! 나는 추한 것과 싸우고 싶지 않다. 비난하고 싶지도 않다. 비난하는 사람을 비난하고 싶지도 않다. 외면하는 것이 나의 유일한 부정이 될 것이다. 결국, 그리고 전체적으로 언젠가 나는 오직 긍정을 말하는 사람이 되고 싶다.

아모르 파티는 삶의 모든 것을 통제하려는 욕망과 확실성에 대한 집착을 내려놓으라고 가르친다. 또한 고통과 상실마저도 삶의 일부로 받아들이며 그것을 유익하거나 필연적인 것으로 바라보라고 권한다. 오늘날에는 이 말의 의미가 다소 퇴색했을 수 있지만, 이는 운명론이나 무관심, 절망에 관한 이야기가 아니다. 즉 아모르 파티는 더 포괄적이고 실제적인 관점에서 수용에 대한 자세를 제시하며, 근본적으로 그것이 우리의 '운명'임을 받아들이는 태도이며, 아직 우리가 알지 못하는 부분까지 포함해서 삶의 여정이 펼쳐지는 과정을 긍정적이고 수용적인 태도로 받아들이라는 메시지를 담고 있다.

아모르 파티를 삶에 적용하는 법

- 삶에서 일어나는 모든 일을 판단하거나 저항하지 않고 그대로 인정하고 받아들인다. 여기에는 긍정적인 경험과 부정적인 경험이 모두 포함된다. 우리가 불안과 불만을 느끼는 거의 유일한 이유는 외부 상황 때문이라기보다는 현재 순간을 있는 그대로 받아들이지 못하고 거부하거나 바꾸려는 태도에서 비롯된다. 현재에 집중하며 지금 이 순간 일어나는 일들을 그대로 받아들이는 연습을 하자. 만약 몸에 통증이 느껴진다면 통증을 부정하거나 사라지기를 바라는 대신 그 사실을 받아들이고 이를 해결할 구체적인 방법을 찾아본다.
- 부정적인 경험을 나쁘거나 해롭게만 보지 말고 성장과 자기 발전의 기회로 여긴다. 좌절, 실패, 실망도 삶의 여정에 필요한 일부로 여기고 인성과 회복력을 기를 기회로 받아들인다. 고통이나 괴로움에 집착하기보다 힘든 일을 헤쳐 나감으로써 얻을 수 있는 교훈과 성장의 기회에 감사한다.
- 통제할 수 없는 상황도 있다는 것을 인정하고, 불확실성에

저항하거나 맞서기보다는 이를 수용하는 법을 배운다. 결과에 대한 집착을 버리고 인생의 모든 것은 일시적이며 끊임없이 변한다는 것을 인정한다. 인생의 무상함을 깨닫고 자연스럽게 받아들인다.
- 힘들 때일수록 자신을 친절하게 대하고 자신에 대한 이해와 연민의 마음을 기른다. 고통과 실패는 인생에서 피할 수 없는 부분임을 인식하고 자신에게 비난 대신 격려와 수용의 말을 건넨다.

즉흥적 사고가 필요한 순간들

언제나 상황이 어떻게 전개될지 예측할 수 없다는 사실이 반드시 스트레스를 일으키거나 나쁜 결과를 초래하는 것은 아니다. 예를 들어, 퍼즐, 수수께끼, 이야기, 뜻밖의 일, 게임, 연애와 사랑 등은 결과를 정확히 알 수 없기에 더 즐거운 순간들을 경험하게 되기도 한다. 오히려 결과를 미리 안다면 재미나 즐거움이 줄어들 게 뻔하다.

결과를 예측할 수 없는 상황이 위협이 아니라 재미를 주는 또 다른 분야로는 즉흥 코미디가 있다. 농담에서 빵빵 터지는 웃음의 비결 중 하나는 허를 찌르는 반전이다. 불확실한 상황을 자유자재로 다루며 극을 유쾌하게 풀어나가는 즉흥극은 수용력과 유머 감각, 그리고 모든 일이 자연스럽게 흘러갈 것이라는 깊은 믿음을 키우기에 훌륭한 방법이다. 일부 연구에 따르면 즉흥극에 참여하는 것은 (재미는 물론이고!) 확산적 사고, 불확실성에 대한 내성, 전반적인 웰빙을 향상시키는 데 도움이 된다고 한다.

불확실성에 대한 내성은 세상에 대한 무지를 인식할 때 유발되는 긍정적, 부정적 감정을 포함한 심리적 반응을 가리킨다. 불확실성은 크게 세 가지 요인, 즉 예측 불가능성, 모호성, 복잡성에서 비롯된다. 예측 불가능성은 미래 결과의 무작위성과 관련이 있고, 모호성은 정보의 신뢰성과 관련이 있으며, 복잡성은 우리의 이해를 방해하는 특징과 관련이 있다.

즉흥극은 참가자들이 불확실한 상황에 직면했을 때 그것을 부정하지 않고 긍정적으로 받아들이며 창의적으로 즐기는 사고방식을 길러준다. 이런 관점의 변화를 통해 사람들은 불확실성을 더 효과적으로 탐색하고 창의성과 회복력을 키워서 예상치 못한 어려움에 더 유연하게 적응할 수 있게 된다.

즉흥적 사고방식을 기르는 법

1. 모호함을 받아들여라.

불확실성을 피하거나 부정하는 대신 이를 인정하고 받아들인다. "글쎄요. 잘 모르겠어요", "누가 알겠어요?"와 같은 표현에 익숙해지자. 중요한 것은 불확실한 감정을 서둘러 해결하는 대신 그대로 받아들이는 것이다. 모든 상황에서 정확한 답을 찾거나 결정을 내리지 않아도 된다. 지금은 답을 모르지만 나중에 알게 될 수도 있다.

2. 있는 그대로 받아들여라.

즉흥극은 혼자가 아니라 여러 사람이 함께 만드는 공연이기에 내가 통제할 수 없는 부분이 항상 존재한다. 하지만 문제없다! 즉흥극의 원칙 중 "현재를 연기하라"라는 말이 있다. 무대에서 상황을 통제하려 하지 말고 무대 위에서 실제로 벌어지는 일을 받아들이라는 뜻이다.

실생활에서도 마찬가지다. 통제할 수 있는 일과 그렇지 않은 일을 명확하게 구분하고, 사실을 부인하는 데 시간과 에너지를 낭비하지 말고 현실적으로 인식해야 한다. 이미 지나간 과거를 그리워하거나 알 수 없는 미래를 걱정하기보다는 현재의 순간을 최대한 활용하는 것에 집중해보라. 자신에게 이렇게 질문해보는 것이다. '이 상황을 어떻게 최대한 활용할 수 있을까?', '어떻게 하면 이 상황을 잘 풀어갈 수 있을까?'

3. 주어진 조건과 자원으로 최선을 다하라.

즉흥극에서 사용되는 '그래, 그리고$^{Yes, and}$' 규칙은 현재의 상황을 바탕으로 이야기를 발전시켜나갈 것을 강조한다. '그래, 그리고' 규칙의 핵심은 다른 참여자가 극을 새로운 방향으로 이끌기 위해 제시한 아이디어나 상황을 거부하거나 부정하지 않는 것이다. 다시 말해 새로운 전개 방식에 대해 "아니, 하지만$_{No, but}$"이라고 답하는 대신 "그래, 그리고"라고 답한다.

내가 예상치 못한 방식으로 상황이 전개되고 있는가? 일단 그대로 받아들인 다음 자신이 원하는 방향으로 이야기의 흐름을 발전시켜나간다. 과거의 어떤 순간에 집착하며 시간을 낭비하거나 일어날 수 없는 상황을 억지로 밀어붙이는 대신, 현재의 흐름을 따라가며 새로운 가능성을 찾아보자. 상대방과 내가 원하는 것을 모두 충족할 방법이 있는가? 상황이 내 예상과 다르게 진행된다면 목표를 수정할 수 있는가? 순발력을 발휘해 창의적으로 상황에 적응할 수 있는가?

마음을 원하는 대로 다루는 법

불완전함을 받아들이고 불확실성을 견디며 미지의 흐름에 순응하는 법을 배우면 역설적이게도 삶의 혼란 속에서 일종의 고요함을 발견할 수 있다. 그리고 그 고요함 속에서 우리의 마음을 진정으로 이해하고 마음이 하는 일에 감사하게 된다. 가령 알레르기가 있는 사람은 특정 자극에 면역 반응이 과도하게 활성화되어 고통을 받지만 치료를 하면 면역 체계가 진정되어 본연의 기능을 되찾는다. 즉 더는 불필요하게 자신을 괴롭히지 않고 실제 위협으로부터 스스로를 보호한다.

마음도 마찬가지다. 마음이 과도하게 활동적이고, 통제되지 않고, 집중력이 흐트러지고, 흥분에 휩싸이면 괴로움이 생긴다. 하지만 이런 과도한 활동을 치료하고 고요함, 절제력, 수용력을 기르면 마음의 본래 기능이 더욱 좋아진다. 그 기능이란 바로 우리가 행복할 수 있게 돕는 것이다! 마음은 문제를 해결하고, 창의력을 발휘하고, 정보를 분석해 세상을 이해하며, 미래를 대비하고, 목표를 설정하고, 배우고 성장하며 좌절에 대처하는 계획을 세우고, 집중력을 유지하고, 일을 체계적으로 정리하는 등 많은 일을 돕기 위해 존재한다.

불안으로 마음이 괴로울 때는 차라리 마음을 없애고 싶어진다. 마음이 마치 고문 도구처럼 느껴지기 때문이다. 하지만 기억하자. 마음은 우리에게 끔찍한 주인이 될 수도 있지만 훌륭한 하인도 될 수 있다. 생각 과잉을 해결하는 방법은 생각을 '덜' 하는 것이 아니라 '더 나은 생각'을 하는 것이다. 습관적으로 떠오르는 건강하지 못한 생각이 아니라 의식적이고 긍정적이며 도움이 되는 사고방식을 기르는 것이 중요하다.

사실 모든 인지행동 치료의 목표는 우리에게 도움이 되는 최적의 사고방식을 개발하는 것이다. 지금까지 이 책에서 다룬 내용도 결국 이 목표를 위한 것이다. 우리의 생각, 감정, 행동은 모두 연결되어 있으며 상황을 어떤 식으로 해석하고 의미를 부여하느냐에 따라 감정과 행동이 달라진다. 즉 거듭 강조했듯이 우리의 생각과 행동을 결정하는 것은 상황 자체가 아니라 우리가 그 상황을 어떻게 바라보고 해석하는지에 달려 있다.

그렇다면 감정과 행동을 바꾸고 싶다면 어떤 노력을 해야 할까? 인지행동 모델에서는 우리의 '생각'에 주의를 기울이라고 말한다. 지금 하는 생각이 도움이 되는가, 아니면 방해가 되는가? 우리가 원하는 감정을 느끼고 하고 싶은 방식으로 행동하는 데 도움을 주는 생각인가? 우리의 생각은 우리가 원하는 삶을 살도록 돕는가? 이 질문들이 바로 마음을 우리의 훌륭한 하인으로 만드는 핵심이다.

하지만 다음 이야기를 계속하기 전에 한 가지 주의할 점이 있다. 인지행동 치료의 기법들은 침착하고 평온한 상태에서 시도해야 한다. 불안과 걱정의 늪에서 허우적댈 때는 오히려 역효과를 불러올 수 있기 때문이다. 적어도 초기에는 그렇다. 생각과 감정이 고조된 순간에는 이성적으로 생각하고 행동하려고 해도 잘되지 않는다는 것쯤은 누구나 알 것이다. 게다가 '부정적인' 생각을 억누르려고 애쓰다 보면 도리어 더 많은 걱정에 사로잡힐 수 있다. 지금부터 소개할 기법들은 걱정과 반추가 마음을 지배하기 전에 활용하는 것이 가장 효과적이다. 이미 감당하기 어려운 상황이라면 적합하지 않을 수 있다.

도움이 되는 사고, 유익한 생각이란 뭘까? 유익한 생각은 상황의 모든 측면을 균형 있게 살펴보면서 자신, 세상, 타인에 대한 사실을 바탕으로 결론을 내리는 사고방식이자 관점이다. 이런 사고는 균형적이고 현실적이며 실용적이다. 결국 유익한 생각이란 단순한 생각이 아니라 의미 있는 삶에 실질적으로 도움이 되는 생각을 말한다. 우리는 보통 '도움이 되지 않는' 비효율적인 사고방식에 익숙하다. 따라서 유익하고 긍정적인 사고를 알아차리고 발전시키기 위한 연습이 필요하다. 이를 위한 한 가지 방법은 '유익한 생각 일기'를 쓰는 것이다.

유익한 생각 일기 활용하기

복잡한 생각을 종이에 옮겨 적으면 생각이 정돈되고 사고가 명확해지며 마음이 안정되고 기분이 좋아진다. 일기에는 불안감이나 과도한 생각으로 인한 부정적인 상상이나 예측을 구체적으로 기록하고, 그 예측을 얼마나 믿는지, 그 믿음이 감정에 어떤 영향을 주는지 자세히 쓴다.

그러다 보면 자신의 마음을 더 객관적이고 현실적으로 평가할 수 있다. 또한 자신이 생각하는 예측과 가정을 지지하거나 반박하는 증거를 찾을 수 있으며 앞서 살펴보았듯이 최악의 경우, 최선의 경우, 가장 가능성이 높은 경우를 비교해볼 수도 있다.

마지막으로는 이 일기를 활용해서 가능한 대안들을 탐구하고, 질문을 던지며, 예측을 재평가하거나 조정할 수 있다. 생각의 속도를 늦추는 것이 감정 변화에 어떤 영향을 주는가? 행동에는 어떤 영향을 미치는가? 이런 데이터를 차곡차곡 모아서 시간을 두고 천천히 연습하다 보면 유익한 사고가 자연스럽게 몸에 밸 것이다.

유의할 점은 결국 그 일기가 자신에게 '도움이 되어야 한다'는 것이다. 따라서 일기를 쓸 때는 형식에 얽매일 필요 없이 자신에게 가장 효과적이고 도움이 되는 방식을 다양하게 시도해보는 것이 좋다. 즉 완벽한 형식이나 정해진 절차에 집착하지 말고 자신의 사고 과정을 객관적으로 바라보며 이를 자신에게 유익하게 활용하는 능력을 기르는 것이 중요하다.

유익한 생각 일기 작성법

1\. 현재의 걱정을 적어본다.

무엇 때문에 스트레스를 받고 있는가? 자신이 느끼는 감정에 이름을 붙이고 글로 표현해보자. 글을 쓸 때는 최대한 중립적인 태도를 유지하고 비판이나 판단은 자제한다.

2\. 자신의 생각과 해석에 의문을 제기한다.

다음 질문을 통해 생각을 분석해본다.

- 내가 예상하는 상황은 정확히 무엇인가? 보통 나쁜 결과를 예측하는 경우가 많기 때문에 정확히 어떤 일이 걱정되는지 구체적으로 적어본다.
- 그 일이 실제로 일어날 가능성은 얼마나 되는가? 믿음의 정도를 0에서 100퍼센트로 평가해본다.
- 어떤 감정을 느끼고 있는가? 판단이나 해석을 덧붙이지 말

고 최대한 세밀하게 감정에 이름을 붙인다.
- 그 감정의 강도는 어느 정도인가? 감정의 강도를 0에서 100퍼센트로 표현해본다.

3. 유익한 생각을 떠올려본다.

다음은 사고를 더 유익한 방향으로 전환하는 데 도움이 되는 질문이다.

- 내 예측을 뒷받침하는 증거는 무엇인가?
- 내 예측을 반박하는 증거는 무엇인가?
- 최악의 경우 어떤 일이 벌어질 수 있는가? 그리고 그 상황에 나는 어떻게 대처할 수 있을까?
- 최선의 경우 어떤 일이 일어날 수 있는가?
- 가장 가능성이 높은 결과는 무엇인가?
- 이 일에 대해 걱정하는 것이 나에게 어떤 영향을 미치는가?
- 이 상황을 더 유익하게 바라보는 방법은 무엇인가?
- 이와 같은 걱정을 하는 친구가 있다면 어떤 조언을 해줄 수 있을까?

4. 더 유익한 결론을 도출한다.

이 질문들에 대한 답을 바탕으로 걱정을 대체할 수 있는 현실적이고 도움이 되는 생각을 적어본다.

- 내 걱정을 대체할 수 있는 더 균형 잡히고 유익한 생각은 무엇인가?

5. 마지막 단계는 재평가다.

- 처음 했던 예측을 얼마나 믿는지 다시 평가해보자.
- 처음 느꼈던 감정과 비교해 지금의 감정을 다시 점수로 매겨보자.

이 방법을 꾸준히 실천하다 보면 부정적인 예측에 대한 걱정이 줄어들고 부정적인 감정도 약해진다. 이렇게 부정적인 생각과 감정을 조정하고 바꿀 능력이 내게 있다는 사실을 깨닫는 것만도 굉장히 흥미로운 경험이다. 진정한 보상은 단순히 긍정적인 감정을 느끼는 것이 아니라 스스로 감정을 조절하고, 현재 느끼는 감정을 더 잘 이해하고 받아들이는 능력을 키우며, 자신의 사고 패턴이 삶에 어떻게 작용하는지 더 깊이 이해하고 깨닫는 데 있다. 연습은 꾸준히 해야 한다. 이 과정이 오래 걸릴지라도 삶을 균형 잡힌 시각으로 바라볼 수 있는 능력을 키우는 것은 장기적으로는 비할 데 없는 보상이 될 것이다.

이 과정이 별로 도움이 되지 않는다고 생각할 수도 있다. 괜찮다. 우리의 목표는 완벽한 결과를 얻는 것이 아니라 사고방식을 점진적으로 개선하고 발전시키는 것이니까. 만약 이 과정이 효과가 없는 것 같다면 왜 그런지 이유를 찾아보자. 일기를 쓰기 전후에 기분이 어떻게 달라졌는지 비교해보거나 방법을 조금 바꿔본 다음 어떤 효과가 있는지도 알아보자. 그 방법이 효과가 없다면 어떤 방법이 효과가 있을까? 결국 답을 찾을 사람은 자기 자신임을 기억하라. 그 모습은 어떤 모습인가?

유익한 방향으로 생각 이끌기

정서적으로 균형 잡힌 건강한 사람들은 유익한 사고방식이 기본적으로 자리 잡혀 있다. 이것은 특별한 능력이 아니라 그런 사고가 반복되면서 자연스럽게 습관화된 결과일 뿐이다. 유익한 사고방식을 의도적으로 선택하는 연습을 반복할수록 점점 더 자연스럽게 사고가 그 방향으로 흘러가게 된다.

시간이 지나면 일기가 더 이상 필요 없는 시점이 올 것이다.

별 다른 도움 없이도 자신의 생각과 감정과 행동을 긍정적인 방향으로 이끌 수 있기 때문이다. 심지어 아주 혼란스럽고 힘든 상황에서도 즉시 반응하거나 감정에 휩쓸리지 않고 한 걸음 물러나서 자신의 생각을 더 객관적으로 들여다볼 수 있게 된다. 우리는 우리의 생각 안에 갇혀 세상을 바라볼 필요가 없고, 생각은 생각 그 자체로 바라보면 된다. 유익한 사고를 이끄는 데 다음 질문들이 도움이 된다.

- '생각의 함정'이나 흑백 논리, 파국화 사고 같은 인지 왜곡에 빠져 있지 않은가?
- 사실과 감정을 혼동하고 있지 않은가? 예를 들어, 공격받는다는 느낌은 그냥 느낌일 뿐, 실제로 공격받는 것은 아니다.
- 친구, 가족, 연인이 나와 같은 생각에 빠져 있다면 어떤 조언을 해줄 수 있을까?
- 나는 어떤 가정을 하고 있고, 성급한 결론을 내리고 있지는 않은가?
- '가능성'과 '확신'을 혼동하고 있지는 않은가?
- 내 걱정은 정말로 끔찍한 일이 일어날 가능성에 대한 걱정인가, 아니면 단순히 불편함이나 불쾌감에 대한 걱정인가?
- 과거에 이와 비슷한 걱정을 한 적이 있는가? 그때 결국 어

떤 일이 일어났고 어떻게 대처했는가?
- 내가 현재 가진 자원 중에서 최악의 상황을 해결하는 데 도움이 될 만한 것은 무엇인가?
- 내가 알고 있는 것 중 무엇이 사실이고 무엇이 추측인가? 내가 잘 모르는 부분을 추측으로 채우고 있는 것은 아닌가? 내가 걱정하는 이유는 그 부분에 대해 잘 모르기 때문은 아닐까?

유익한 사고를 배운다는 것은 불안하거나 부정적인 생각을 비난하거나 깎아내리라는 말이 아니다. 부정적인 생각을 문제 삼거나 더 '합리적으로' 생각하지 못한다고 자신을 몰아세울 필요는 없다. 결국 과도한 생각과 불안을 줄이려다가 오히려 '나는 왜 이렇게 불안과 걱정이 많을까?'라는 자기비판에 빠진다면 제자리에서 맴도는 것이나 마찬가지다!

중립적인 자세를 유지하는 것만으로도 따뜻한 배려심과 공감을 불러올 수 있다. 어떤 상황이든 한 걸음 떨어져서 바라보고 성급하게 판단을 내리지 말자. 나에게는 반응하지 않을 선택권도 있다는 사실을 항상 기억하자.

우리는 마음이 불안하고 생각이 많을 때 흔히 다음과 같은 착각에 빠진다.

- 내 생각이 곧 현실이며 진실이다.
- 생각은 중요하다.
- 내 생각은 반드시 따라야 할 명령이나 지시다.
- 내 생각은 현명하다.
- 내 생각이 곧 나 자신이다.

우리가 더 도움이 되는 방향으로 생각하기 시작하면 머릿속에 떠오르는 생각들이 반드시 진실하거나 중요하거나 현명하거나 꼭 따라야 하는 것은 아님을 깨닫게 된다. 그럴 수도 있지만 그렇지 않을 수도 있다! 어쩌면 부분적으로만 사실일 수도 있고, 조금은 중요하지만 절대적인 것은 아닐 수도 있다. 이런 식으로 생각과 거리를 두는 연습을 통해 결국 생각이란 선택의 문제이며, 통제권은 내가 쥐고 있다는 사실을 깨닫게 된다.

생각은 도구와 같다. 만약 당신의 도구함에 망치만 있다면 당신은 평생 못만 박을 수 있는 사람처럼 행동할 것이다. 다시 말해 내가 가진 도구(생각)가 내가 할 수 있는 일, 즉 나의 감정과 행동을 결정한다고 착각하는 것이다. 예를 들어, '나는 실패자야. 그런데 내가 사업을 시작한다고? 있을 수 없는 일이야'라고 생각하는 건 "내 도구함에는 망치밖에 없어서 나는 못만 박을 수 있어. 다른 건 못 해!"라고 말하는 것과 같다.

그러나 도구함을 어떤 도구로 채울지는 내가 결정한다는 사실을 깨닫는다면 상황은 달라진다. 우리는 세상을 바라보고 목표를 정한 다음, 목표 달성에 도움이 되는 도구들로 도구함을 채울 수 있다. 우리가 지닌 도구는 우리가 원하는 삶을 구축하도록 돕기 위해 존재한다. 즉 우리가 지닌 목표와 가치에 맞게 생각을 정비하는 것이다. 자신의 생각이 도움이 되는지 아닌지 살피는 것은 "이 도구함은 내가 원하는 삶을 살아가는 데 도움을 주고 있는가?", "이 도구함에서 버려야 할 것은 무엇이고, 채워야 할 것은 무엇인가?"라고 묻는 것과 같다.

유익한 사고를 연습하는 좋은 방법은 내가 되고 싶은 사람은 어떤 모습인지, 내가 살고 싶은 삶은 어떤 삶인지, 내가 하고 싶은 일과 느끼고 싶은 감정은 무엇인지를 상상해보는 것이다. 그리고 '그' 사람은 어떤 생각을 하고 있을지 떠올려본다. 즉 내가 되고 싶은 사람이 되기 위해서는 어떤 방식으로 생각해야 할지를 자신에게 질문하는 것이다. 유익한 사고의 핵심은 여기에 있다.

5장 요약

- 불안을 덜 느끼는 사람이라고 해서 더 쉽고 평온한 삶을 사는 것은 아니다. 그들도 인생의 많은 장애물, 스트레스, 짜증나는 일, 불확실성을 겪지만 다르게 대처하고 반응하는 것일 뿐이다. 그들은 삶의 불완전함을 이해하고 '와비사비' 철학을 실천하려고 노력한다. 와비사비 철학이란 불완전하고 불확실한 삶 속에서도 차분함과 평온함을 유지하는 용기를 갖는 것이다. 완벽주의는 불가능할 정도로 높은 기준을 고수하는 태도를 말하며, 이는 생각 과잉, 불안, 미루는 행동과 밀접한 관련이 있다. 이를 극복하는 방법은 자신의 성향을 인식하고 자신에게 더 많은 규칙과 기대와 요구를 부과하기보다는 자신을 더 너그럽게 대하는 마음을 갖도록 노력하는 것이다.

- 와비사비는 단순함, 소박함, 불완전함을 뜻하는 일본의 철학적 개념이다. 특히 시간의 흐름에 따른 변화를 자연스럽게 받아들이는 것을 의미한다. 이를 통해 완벽함이라는 허상에 불과한 평화가 아닌, 수용이라는 진정한 평화를 찾게 된다. 와비사비를 생활에 적용하는 한 가지 방법은 '적당히 하기'를

시도하는 것이다. 완벽하지 않아도 되는 과제를 선택한 다음 일부러 완벽하지 않게 해본다. 이에 저항하는 내면의 목소리가 들린다면 그 목소리조차 너그럽게 받아들이고 다시 완벽함에 대한 욕구를 내려놓는다.

- 걱정과 생각이 지나치게 많은 사람은 불확실성에 대한 내성이 낮으며 불확실성을 회피하거나 벗어나려는 경향이 있다. 하지만 삶의 모든 것을 완전히 통제하거나 미래에 대해 절대적인 확신을 가지는 것은 불가능하다. 불확실성을 줄이려는 자신의 행동을 잘 살펴보고 이런 행동을 의식적으로 하지 않으면서 결과를 관찰해보자. 마치 불확실성을 '견딜 수 있는 것처럼' 행동하면 시간이 지날수록 불확실성에 내성이 길러진다.

- 아모르 파티의 철학과 즉흥적 사고는 삶의 불확실성을 두려워하지 않고, '운명'을 기꺼이 수용하고 즐기도록 도움을 준다.

- 유익한 사고는 자동적이고 건강하지 못하고 자기 파괴적인 생각과는 거리가 먼 사고방식이다. 유익한 사고란 의식적이

고 건강하며 자신의 목표와 가치를 추구하는 데 도움이 되는 사고다. 또한 유익한 사고는 균형이 잡혀 있고 현실적이며 실용적이다.

- '유익한 생각 일기'를 쓰는 것은 상황의 모든 측면을 의식적으로 고려하여 사실을 바탕으로 결론을 내리는 데 도움을 준다.

6장

가짜 불안에서 해방되기

생각 과잉, 불안, 스트레스는 관리가 가능하다. 꾸준한 연습과 노력, 자기 연민을 통해 불안을 줄이고, 점차 그 습관에서 벗어날 수 있다. 하지만 궁극적인 목표는 우리의 정체성을 불안이나 걱정에 묶어두지 않고 더 자유롭고 긍정적인 삶을 살아가는 것이다. 우리는 부정적인 사고 패턴에서 완전히 벗어나 어떻게 하면 더 성장하고 변화하며 앞으로 나아갈 수 있을지를 고민하고 탐구해야 한다.

불안은 단순히 괴로움만 주는 것이 아니라 우리가 지닌 좋은 자질들, 이를테면 자연스러움, 즐거움, 자신감, 활력, 용기, 진실성 같은 것들을 빼앗아간다. 마지막 장에서는 불안을 이겨내고 삶에 긍정적인 변화를 불러올 수 있는 실질적이고 유익한 방법들, 특히 더 나은 결정을 내리고, 자신의 가치관에 따라 행동하며, 다양한 삶의 문제를 해결하는 방법에 대해 살펴볼 것이다.

분석 마비에서 벗어나라

미셸은 겉보기에 특별히 불안이나 걱정이 많은 사람은 아니다. 하지만 그녀는 어떤 결정을 내리거나 선택을 해야 할 때 곤란을 겪곤 한다. 예를 들어, 물건을 사러 가거나 집수리를 맡길 사람을 찾거나 시청할 드라마나 영화를 고를 때면 이게 좋을까, 저게 좋을까를 저울질하느라 끝없는 고민에 빠진다. 제일 좋은 선택지를 찾아내려고 머리를 쥐어짜지만 이것저것 고르고 따질수록 머릿속은 점점 더 새하얘지는 기분이다. 그러다 결국 머리가 너무 아파서 아무거나 선택해버리기 일쑤다.

이런 어려움 때문에 미셸은 이사나 여행지 선택 같은 큰 결정을 다른 사람에게 떠넘기곤 한다. 그렇게 결정을 내린 뒤에도 그 선택이 옳았는지, 다른 선택지를 골랐다면 어땠을지를 재느라 마음은 여전히 개운치 못하다.

분석 마비 analysis paralysis 란 이처럼 선택지가 너무 많을 때 의사 결정에 어려움을 겪는 상태를 의미한다. 분석 마비는 생각 과잉과 고민에 빠지는 증상으로 나타나며, 특히 너무 많은 정보 앞에서 더욱 심해진다. 불안을 유발하는 원인은 다양하다. 어떤 사람은 불확실성을 느낄 때 가장 불안해하고, 어떤 사람은 스트레스가 많은 상황에서 불안감이 커진다. 하지만 미셸처럼 분석 마비를 겪는 사람들은 선택지가 지나치게 많을 때 불안과 걱정이 커진다.

선택의 폭이 넓으면 좋을 것 같지만 오히려 그 반대일 수 있다. 너무 많은 선택지가 선택의 자유와 만족감을 주는 것이 아니라 오히려 피곤함과 스트레스, 무력감을 초래하는 것을 '선택의 역설'이라 한다. 선택지가 많을수록 생각할 것이 많아지고 '최선의 선택'을 놓칠 가능성도 커진다. 심리학자인 배리 슈워츠Barry Schwartz는 선택지가 너무 많을 경우 사람들은 인지 과부하를 겪게 되고 의사결정에 어려움을 느낀다면서, 이는 결국 자신의 선택에 대한 후회나 불만족으로 이어진다고 설명한다.

결정을 하거나 선택지를 고르는 일은 언제나 어느 정도 스트레스를 동반한다. 우리는 인생의 갈림길에서 만나는 크고 작은 선택이 실제로 우리 삶에 영향을 미친다는 사실을 알고 있다. 아침에 먹을 시리얼을 고르는 사소한 선택이든 직업이나 인생의 동반자를 고르는 중대한 결정이든 그 결과는 우리의 삶에 크고 작은 변화를 불러온다. 이런 사실을 알기 때문에 선택의 결과에 따라 무언가를 잃게 될 위험과 지금보다 나쁜 상황에 처할 가능성도 인식하게 된다.

그렇기에 우리의 뇌는 자연스럽게 분석 모드로 들어가 주어진 모든 선택지를 분석하고 그 결과를 예측하기 위해 노력한다. 가장 나은 선택지가 뭔지를 확실히 알 수만 있다면 최대한 빨리 선택을 끝내버리고 부담을 덜 수 있을 것만 같다. 이런 방식의 사고는 수학적으로는 일리 있어 보이지만 실제로 '무엇이 가장 나은 선택인가?'라는 질문에 쉽게 답할 수 있는 경우는 거의 없다. 기껏해야 '상황에 따라 다르다' 정도의 답만 있을 뿐!

어떤 선택지는 경제적 관점에서는 타당해 보이지만 사회적 관점이나 심리적 관점에서는 불만족스러울 수 있다. 어떤 경우에는 두 가지 선택지가 장단기적으로 다른 결과를 가져올 수도 있고, 또 어떤 선택지가 결과적으로 꽤 괜찮아 보이는 건 그 선택지의 장점만 알고 단점은 잘 모르기 때문일 수 있다. 이럴 때는 '최선'의 선택을 어떻게 정의할 것인가? 그리고 잘못된 결정을 내렸지만 이를 되돌릴 방법이 없다면 어떻게 할 것인가?

이런 식으로 오랫동안 고민하는 것은 사실 문제 해결과는 거리가 멀다. 완벽한 선택지를 찾는 것에 몰두하고 집착할수록 걱정과 스트레스, 불안감만 키울지 모른다. 이런 태도는 더 합리적이고 효율적인 결과를 가져오는 것이 아니라 오히려 그 반대의 결과를 초래한다. 다시 말해 완벽주의와 분석 마비는 밀접한 관련이 있다.

잘못된 결정을 내릴지도 모른다는 두려움은 다양한 시나리오를 상상하며 최악의 결과를 떠올리고 각 선택에 따른 잠재적인 위험을 고민하며 반추에 빠지는 악순환을 유발할 수 있다. 한 가지 상황 속에서 최악의 경우를 계속 고민하는 것만도 스트레스인데, 여러 가지 가능성을 상상하고 시나리오가 끝없이 떠오른다면 그 스트레스는 얼마나 클까?

선택에 접근하는 태도에 따라 극대화자^{maximizer}와 만족자^{satisficer}로 유형을 나눌 수 있다. 극대화자는 모든 선택지를 철저히 탐색하고 최선의 결정을 내리기 위해 끝없이 노력한다. 이들은 완벽해야 한다는 압박감과 함께 더 나은 기회를 놓칠지 모른다는 두려움을 느낀다. 이에 반해 만족자는 자신의 기준이나 기대를 충족하는 선택지를 찾는 데 집중한다. 그리고 적당히 만족스러운 선택지를 발견하면 다른 선택지들과 더 철저하게 비교하지 않고 곧바로 결정을 내린다.

극대화자는 가장 좋은 선택지를 찾으려다가 스트레스를 받지만 만족자는 적당한 기준만 충족하면 자신의 선택에 만족한다. 앞서 소개한 미셸은 전형적인 극대화자다. 그녀는 슈퍼마켓에서 땅콩버터 하나를 살 때도 최상의 상품을 고르기 위해 끝없이 고민한다. 가격은 물론이고 맛, 성분, 심지어 기업 윤리까지 따져볼지 모른다(팜유가 들었나? 들었다면 '지속 가능한' 팜유인가? 지속 가능한 팜유가 들어 있는 게 그렇지 않은 제품보다 나은가, 아닌가?). 그 외에도 영양 성분은 어떤지, 가성비는 좋은지, 지역에서 생산된 제품인지, 알갱이가 있는 타입인지, 크리미한 타입인지, 병 디자인이 예쁜지 등 고민은 끝이 없다.

어떤 사람은 똑같이 땅콩버터를 사러 슈퍼마켓에 가서는 지난번에 샀던 땅콩버터가 괜찮았던 것이 기억나 그냥 똑같은 제품을 산다. 그 뒤로 땅콩버터에 관한 생각은 잊어버리고 다음 삶을 이어간다. 이 사람은 만족자 유형에 속한다. 그가 산 땅콩버터는 그가 살 수 있는 땅콩버터 가운데 최상의 제품이 아마 아닐 수도 있다. 하지만 그는 꽤 괜찮은 땅콩버터를 골랐다. 그것도 20초 만에!

극대화자는 선택의 순간에 압박감과 스트레스에서 벗어나는 방법은 더 철저한 분석과 비교라고 믿을 공산이 크다. 사실 그에게는 만족자의 방식이 훨씬 도움이 된다. 핵심은 '최고' 대신 '적당히 괜찮은 선택'에 만족하는 태도를 통해 불필요한 스트레스에서 벗어나는 것이다.

분석 마비에 빠지지 않으려면 만족자의 마음가짐을 길러야 한다. 물론 처음에는 쉽지 않다. 특히 완벽주의자들에게는 적당한 수준에서 만족하라는 말이 사회적으로나 문화적으로 이상적인 기준에 반하는 것처럼 느껴질 수 있다. 하지만 방법을 익히고 연습하다 보면 점점 익숙해지고 수월해질 것이다.

만족자 사고방식 기르는 법

1\. 선택의 목적을 분명히 한다.

사람들은 크게 중요하지 않은 선택에 지나치게 고민하거나 에너지를 쏟으면서 지치곤 한다. 명확한 목표나 필요가 없으면 선택 과정이 더 복잡해진다. 다시 말해 우리가 점심 메뉴를 쉽게 결정하지 못하는 이유는 단순히 배가 고프지 않아서일 수도 있다! 커피머신이든 휴대전화 요금제든, 어떤 선택을 해야 할 때는 그 목적을 분명히 하는 것이 중요하다. 나는 왜 이걸 선택하려고 하는가? 이 선택은 내 삶에 어떻게 기여할 것인가? 스스로 이런 질문에 답해보며 내가 진짜 원하는 것이 무엇인지를 먼저 명확히 하자.

2\. 목적에 맞는 기준을 세운다.

완벽주의자나 극대화자처럼 선택에 어려움을 겪는 사람들은 모든 변수나 요인을 다 따져보는 것을 당연하게 여기는 경향이 있다. 하지만 사실 그럴 수도 없고 그럴 필요도 없다! 의사결정 과정에서 우리에게 정말로 중요한 요인은 몇 가지뿐이다. 따라서 다른 복잡한 사항들에 얽매이지 말고 핵심에만 집중한다. 예를 들어, 커피머신을 사는 목적이 집에서 제대로 된 커피를 즐기기 위해서라면 성능과 기능성부터 따져봐야 한다. 그게 아니라 손님 접대용으로 가끔 사용할 목적이라면 실용성이나 경제성에 초점을 두는 것이 좋다. 즉 선택의 목적을 고려했을 때 크게 중요하지 않은 요인들에는 지나치게 매달리지 않는 태도가 필요하다.

3. 적당히 만족할 만한 선택지를 받아들인다.

모든 선택이 항상 완벽할 필요는 없으며, 실제로 그런 경우는 드물다. 어떤 선택이 모든 면에서 100퍼센트 완벽하지 않더라도 목적이나 필요를 충족한다면 그것으로 충분하다. 끝없이 최고와 최상을 쫓기보다는 어떤 선택이 적당히 기준을 충족하면서 '괜찮다'고 느껴지면 그걸로 만족하고 다음 단계로 넘어가자. 이런 식의 접근은 스트레스를 줄이고 과도한 고민에서 벗어나게 해준다. 커피머신이든 뭐든, 자신의 취향에 맞는 선택을 했다면 다른 사소한 부분에 더는 매달리지 말고 그 정도에서 만족할 줄 아는 것도 멋진 일이다. 예를 들어, 매장에서 마음에 드는 디자인의 커피머신을 발견했다고 치자. 여러모로 그 제품은 내가 생각하는 조건에 맞고 가격도 적당하다. 게다가 손만 뻗으면 닿을 거리에 있다. 물론 좀 더 저렴한 제품을 다른 곳에서 찾을 수도 있겠지만 그 제품이 적당히 괜찮다면 자신 있게 선택하고 깨끗하게 고민을 끝내자.

결정의 중요도를 고려하기

'포모FOMO, Fear Of Missing Out'라는 말을 들어봤는가? 포모는 내가 놓치는 것에 대한 현대인의 불안감을 표현한 말이다. 이와 비슷한 용어로 '포보FOBO'가 있다. 포보는 'Fear Of a Better Option'의 약자로서 더 나은 선택지가 있을지 모른다는 두려움으로 결정을 내리지 못하는 심리를 표현한다. 이 두 가지 힘에 휘둘릴수록 우리가 내리는 결정은 충동적이고, 비논리적이며, 감정적이기 쉽다.

현대 사회는 각종 정보와 자극이 넘쳐난다. 그 와중에 많은 이익 집단이 포모와 포보 현상을 악용해서 사람들의 불안 심리를 조장하고 부추긴다. 특히 광고와 뉴스, 소셜 미디어는 다른 사람들은 모두 행복하고 즐거운 삶을 사는 것처럼 보이게 만들고, 나만 불행하다는 느낌을 심어주며, 소비 문화를 확산하는 데 앞장서고 있다.

우리는 항상 가장 좋은 선택을 해야 한다는 압박감에 짓눌리면서도 막상 어떤 결정을 내리고 난 후에도 그로 인해 놓치게 된 가능성을 떠올리며 또다시 후회와 불안에 사로잡힌다. 결국 여기저기를 기웃대면서 고민만 하거나 과도한 압박감과 부담으로 아무 선택도 하지 못하는 상황에 이른다.

미국의 벤처투자가인 패트릭 맥기니스Patrick McGinnis는 『포모 사피엔스』에서 포모와 포보를 인식하고 효과적으로 관리하는 전략을 다룬다. 그가 제시하는 각각의 방법은 우리의 선택을 유도하는 정보를 비판적으로 검토하고, 선택에 따르는 위험과 이익을 제대로 이해할 수 있도록 돕는다.

맥기니스는 모든 결정이 똑같이 중요한 것은 아니며, 그 차이를 구분해야 한다고 주장한다. 그의 설명에 따르면 결정에는 크게 세 가지 유형이 있다.

1. 위험 부담이 높은 결정

큰돈을 들여야 하는 중요한 재정적 투자, 커리어에 큰 변화를 주는 선택, 결혼과 같은 인생의 중대한 결정처럼 우리 삶에 큰 변화를 불러올 수 있는 중요한 결정이 여기 속한다. 이런 결정은 그 결과가 오랜 시간 지속적으로 영향을 미치기 때문에 신중하게 고려해야 한다.

2. 위험 부담이 낮은 결정

저녁 메뉴나 영화, 출근길 경로와 같은 일상적인 결정은 어느 정도 중요하긴 하지만 집을 사거나 직업을 바꾸는 것만큼 중요하지는 않다. 그리고 그 결과가 우리의 삶에 지속적인 영향을 미치지도 않는다.

3. 위험 부담이 없는 결정

이 유형에 속하는 결정은 아주 사소하고 삶에 거의 영향을 미치지 않는다. 순간적으로는 신경이 쓰일 수도 있지만 장기적으로는 전혀 중요하지 않다. 가령 두 가지 비슷한 선택지 중에서 하나를 선택하는 일이나 어떤 브랜드의 치실을 살지 선택하는 것처럼 결정을 내리고 금세 잊어버릴 만한 일이 여기에 속한다.

어떤 결정을 내려야 할 때는 그 결정이 어떤 유형의 결정인지 알아야 한다. 특히 사소한 결정과 중요한 결정을 혼동하지 않는 것이 중요하다. 우리가 일상에서 매일 마주하는 결정은 대부분 덜 중요하거나 무의미한 결정에 속한다. 하지만 일상적인 결정도 하나씩 보면 사소하지만 쌓이고 쌓여서 삶의 전반적인 방향이나 만족도에 영향을 미치므로 중요도가 낮은 결정이라도 무시해서는 안 된다. 생각이 많은 사람은 가벼운 결정에도 시간과 정신적 에너지를 과도하게 소비해 정작 중요한 결정을 내려야 할 때 지쳐버리곤 한다. 사소한 결정을 효율적으로 처리하는 사고방식을 기르면 인생 전반을 더 잘 관리할 수 있게 된다.

분석 마비에 빠지지 않는 법

1. 위험 부담이 어느 정도인지 파악하라.
결정을 내려야 할 상황이 생겼다면 자신에게 다음과 같이 질문해보자.

- 이 결정의 영향은 일시적인가? 즉 일주일이나 한 달 안에 이 결정을 완전히 잊어버릴 것 같은가?
- 이 결정은 나나 다른 사람의 삶에 금전적, 시간적, 혹은 다른 면에서 영향이 거의 없거나 전혀 없는가?
- 이 결정으로 어떤 결과가 생기든 받아들일 수 있는가?

질문들의 답이 모두 '예'라면 그 결정은 위험 부담이 낮거나 거의 없는 결정일 확률이 높다.

2. 위험 부담이 없는 결정은 빠르게 처리하라.
선택지를 두 가지로 줄인 다음 최종 결정은 랜덤 도구(예, 동전 던지기나 랜덤 선택 앱)에 맡긴다. 위험 부담이 없는 결정은 빠르게 내리는 것이 중요하므로 시간 제한을 두는 것도 방법이다. 이는 TED 강연 '중요도가 낮은 결정을 빠르게 해결하는 방법'*에서 소개된 기법으로, 사소한 결정에서 오는 마비 상태를 극복하는 데 도움을 준다. 이 기술을 반복적으로 연습하면 중요도가 낮은 결정에 드는 시간을 낭비하지 않게 되고 포모와 포보로 인한 스트레스도 줄일 수 있다.

3. 위험 부담이 작은 결정은 주변 사람들에게 조언을 구하라.
중요도가 낮은 결정을 내릴 때는 신뢰하는 주변 사람들에게 도움을 받아 감정에 치우치지 말고 신속하게 처리한다. 주변 사람에게 의견을 물을 때는 문제를 명확하게 제시한다. 간단한 선택에는 폐쇄형 질문("A와 B 중 뭐가 좋을까?"), 다양한 의견을 듣고 싶을 때는 개방형 질문("이럴 땐 어떤 점을 고려해야 할까?")을 활용한다. 조언을 구할 때는 신뢰할 만한 사람인지를 확인하는 것도 중요하다.

위험 부담이 높은 결정은 어떻게 처리해야 할까? 이런 결정은 고려해야 할 사항이 훨씬 많고 그 결과가 지속적인 영향을

---

* TED. (2020). 'How to Make Faster Decisions'. https://www.youtube.com/watch?v=cTIUiN6inIQ

미치기에 신중한 분석이 필요하다. 그래서 중요도가 낮거나 없는 결정에 에너지를 낭비하지 않는 것이 중요하다.

맥기니스는 하루 동안 내리는 모든 결정에 쏟을 수 있는 시간과 정신적 에너지는 한정돼 있으므로 중요하지 않은 결정들에 에너지를 아낄 것을 강조한다. 그렇지 않으면 정작 중요한 결정을 내릴 때 판단력이 부족해져 포모와 포보의 지배를 받게 될 가능성이 높아진다는 것이다.

분석 마비에 빠졌을 때는 일상적인 결정은 사소한 문제임을 인식하고 마음의 부담을 내려놓자. 정말 중요한 문제를 파악하는 데 에너지를 집중하고 나머지 문제들은 흘려보내야 한다.

불안의 악순환 끊어내기

애덤은 지나치게 조심스럽고 걱정이 많은 스타일이다. 그는 여러 사람과 같이 있을 때 긴장감을 많이 느끼고 다른 사람이 자신을 어떻게 생각하는지에 대해 과도하게 신경 쓰며 불안해한다. 한마디로 그에게는 사람들과 어울리는 것이 큰 스트레스다. 그에게는 항상 같은 패턴이 반복된다. 모임에 초대를 받으면 예의상 거절하지 못하고 받아들인다. 그러고는 모임 날이 다가올수록 걱정과 불안이 점점 커진다.

마음이 어찌나 불편한지 나중에는 정말로 병이 날 것만 같다. 애덤은 그때부터 모임에 갈 수 없는 이유, 가면 안 되는 이유들을 만들어내며 합리화하기 시작한다.

'어차피 그 모임은 별로 중요하지도 않잖아. 내가 안 가도 상관없을걸? 나를 초대한 사람도 그냥 해본 말일 거야. 어차피 감기 기운도 있는데……. 차라리 집에서 쉬면서 몸이나 돌보는 게 낫겠어.'

결국 그는 약속을 취소한다. 그 순간 마음이 편안해지고 불안감이 눈 녹듯 사라진다. 갑자기 감기 기운도 싹 사라지는 것 같다. 애덤은 생각한다.

'역시 가지 않는 게 좋은 선택이었어.'

그래서 그날 저녁 애덤은 집에 머물게 된다. 그러나 그가 억지로라도 모임에 나갔더라면 재밌는 경험을 하게 되었을지도 모른다. 괜찮은 사람들을 만나 즐거운 시간을 보냈을 수도 있고, 어느 정도 긴장이 풀린 뒤에는 사람들과 적당히 어울리며 자신이 이런 사회적 상황에 충분히 적응할 수 있고 심지어 즐길 수도 있다는 사실을 깨닫게 되었을지도 모른다.

하지만 애덤은 집에 있었기에 이런 경험을 아예 하지 못했다. 다음에 또 초대를 받게 된다면 애덤이 그런 모임과 관련해

떠올릴 수 있는 기억은 몇 가지밖에 없다. 사람들과 어울리는 자리는 매우 불편하다는 것, 그리고 그 자리를 피하면 마음이 훨씬 편해진다는 것. 이런 경험에 따라 그는 가장 합리적이라고 생각되는 결정을 내릴 것이며, 결국 초대를 또 거절할 것이다.

애덤은 자신을 내성적인 사람으로 규정한다. 그래서 낯을 잘 가리고 쉽게 긴장하며 수줍음이 많다고 생각한다. 그는 불안감을 다스리려면 사람들과 어울리는 자리를 최대한 피해야 한다고 진심으로 믿고 있다. 하지만 사실은 그 반대다. 사교적인 모임을 피하는 습관이 오히려 불안을 유발하고 키우고 있다.

인지행동 치료의 핵심은 불안, 공포, 반추의 악순환을 되돌리는 것이다. 불안과 반추의 악순환은 어떻게 발생하는지, 그 과정에서 생각 과잉과 걱정이 어떤 영향을 미치는지 좀 더 자세히 살펴보자.

1단계: 불안을 잘 느끼는 사람들은 항상 경계심을 품고 주변을 살피며 위협의 신호를 찾는다.

2단계: 이런 방식은 신체 감각을 더 활성화시키고(심박수 증가 등) 예민해지게 만들어 몸에서 느껴지는 작은 변화도 위험한 상황으로 해석하거나 실제보다 크게 받아들이게 한다('혹시 내

심장에 문제가 있는 거 아닐까?'). 그로 인해 시야가 좁아지면서 모든 관심이 자신과 자신의 내면으로만 더욱 집중된다.

3단계: 해당 위협을 해결하기 위해 어떻게든 그 상황을 피하는 행동을 선택한다.

4단계: 그러면 잠깐은 안도감이 들어서 도망치는 선택이 옳았다고 느낀다. 그로 인해 그 상황이 정말로 위험했다고 확신하게 되며, 다음에도 그런 문제가 생기면 도망치고 피하는 것이 올바른 선택이라고 믿게 된다. 하지만 이때 느끼는 안도감은 일시적일 뿐이다.

5단계: 불안한 상황을 반복적으로 피하게 되면 결국 그 상황이 더욱 위험하다고 스스로 믿게 되고, 자신은 그런 상황을 감당할 수 없다고 생각하게 된다. 그러면 장기적으로 불안과 걱정이 커지면서 자신감은 줄어들고, 피하려던 상황이 더욱 두렵게 느낀다.

다시 1단계: '불안-회피-공포'의 악순환이 반복된다. 그러나 이번에는 불안감이 더욱 커져서 전보다 쉽게 위협을 느낀다…….

요약하면 불안은 회피 행동으로 이어질 수 있으며, 회피 행동은 (일시적으로만) 불안을 낮춘다. 하지만 장기적으로는 이 잠깐의 안도감이 오히려 회피 행동을 강화한다. 즉 안전을 위해 회피하는 행동이 사실은 불안과 잘못된 믿음(예, 위험으로부터 자신을 보호해야 한다는 생각)을 더 강화해서 결과적으로 더 큰 불안을 학습하게 되는 것이다.

애덤의 경우 불안하거나 불편한 상황을 피하려는 행동 때문에 자신의 잘못된 믿음에 반하는 경험을 할 기회를 놓쳤다. 마찬가지로, 새로운 경험이나 도전은 처음에는 불편하고 어색하게 느껴질 수 있지만 길게 보면 큰 도움이 될 수 있다.

결국 회피는 이런 악순환을 강화할 뿐이다. 그렇다면 악순환에서 벗어나려면 어떻게 해야 할까? 간단하다. 회피와 반대되는 행동, 즉 상황에 다가가야 한다.

반복적으로 불쑥불쑥 떠오르는 부정적인 생각은 우리의 발목을 붙잡아 긍정적이고 발전적인 방향으로 나아갈 수 없게 가둔다. 어떤 의미에서 보면 과도한 생각도 일종의 회피가 될 수 있다. 즉 자신의 도피를 정당화할 이야기를 만들어내기 위해 생각에 몰두하는 것이다.

이런 생각들은 당장은 위로가 될지 모르지만 결국 아무런 발전 없이 제자리만 맴돌게 할 뿐이다. 사소한 문제들에 에너지를 낭비하느라 두려움을 마주하고 극복하는 법을 배울 소중한 기회를 놓치게 되기 때문이다. 애덤이 집에 머물러서 얻는 것은 점점 더 회피에 능숙해지는 것일 뿐 사회적 스트레스를 견디고 극복하는 법은 배우지 못한다. 자신의 숨겨진 장점과 능력을 발전시킬 기회도 얻지 못한다. 게다가 가벼운 수준의 사회적 불편함은 실제로 두려움을 느낄 만큼 심각한 일이 아니라는 것을 깨달을 기회도 놓치게 된다.

부정적인 생각과 행동을 반복하는 것은 마치 체인이 빠진 자전거 페달을 계속 돌리는 것과 같다. 아무리 열심히 페달을 밟아도 자전거는 앞으로 나아가지 않는다. 하지만 체인을 제자리에 맞추기만 하면 자전거는 앞으로 나아간다. 생각도 마찬가지다. 건강한 생각은 명확한 방향과 목적이 있으며 우리를 앞으로 나아가게 한다.

두려움을 느낀다는 것은 불안의 악순환을 끊고 도움이 되는 생각들을 연습하고, 마음의 힘을 통해 앞으로 나아갈 기회가 다가왔다는 좋은 신호다.

점진적 노출법

점진적 노출법 Graded Exposure 은 불안이나 공포심을 줄이기 위한 심리 치료의 한 방법이다. 이 방법의 핵심은 불안이나 공포를 피하는 대신 점진적으로 직면하는 것이다. 이 과정을 통해 두려운 상황에 점차 익숙해지면 천천히 자신감을 쌓고 자신의 잘못된 믿음이나 부정적인 생각들을 바꾸어나가게 된다. 그렇다고 힘들고 고통스럽게 직면할 필요는 없다. 작은 도전에서부터 점차 난이도를 높여가며 두려움에 대한 긍정적인 반응을 습관화하는 것이 더 중요하다.

- 두려움을 느끼는 상황을 파악한다.
- 현재 상태와 목표 사이의 간격을 작고 관리하기 쉬운 단계로 나눈 다음 불안감을 유발하는 정도에 따라 '사다리'를 쌓아 올린다.
- 사다리의 첫 칸부터 시작해서 각 칸에 해당하는 상황에 자신을 노출시킨다.
- 마음이 편안해질 때까지 그 상황에 최대한 머무른다. 두려움에 도망치면 회피 행동만 강화될 뿐이다. 두려움이 가라앉을 때까지 차분하게 그 상황을 직면한다.
- 어느 정도 마음이 편해지고 나면 다음 단계로 넘어간다. 그런 식으로 가장 두려운 상황도 피하지 않고 직면할 수 있도록 연습한다.

애덤의 경우 점진적 노출법을 통해 어떻게 사회적 불안을 극복할 수 있을까? 그의 도전 과제를 단계별로 구성해보자.

- 가까운 친구 한 명과 커피 타임을 갖는다.
- 가까운 친구 두 명과 커피 타임을 갖는다.
- 가까운 친구 한 명과 가깝지 않은 친구 한 명과 함께 커피 타임을 갖는다.
- 가깝지 않은 친구 한 명과 커피 타임을 갖는다.
- 세 명 이상의 모임에 참석한다.
- 열 명 이상의 모임에 참석한다.
- 아는 사람이 없는 소규모 모임에 참석한다.
- 아는 사람이 없는 큰 모임에 참석한다.
- 아는 사람이 없는 큰 모임에 참석해서 세 명의 새로운 사람과 주도적으로 대화를 나눈다.

각 단계는 개인의 상황에 맞게 구성한다. 한 단계에서 다음 단계로 넘어가는 난이도가 너무 차이가 나지 않도록 신중하게 계획하고, 의미 있는 현실적 과제를 선택하고, 각 단계의 순서가 적절한지도 확인해야 한다.

애덤은 가까운 친구를 만나 커피 타임을 갖는 것으로 첫 번째 과제를 시작한다. 하지만 그 상황에 단순히 노출되는 것만으로는 부족하다. 불안감을 충분히 인지하면서 마음이 편안해질 때까지 의식적으로 그 상황에 머물러야 한다. 즉 두려움을 느끼는 상황을 피하거나 외면하려는 습관에서 벗어나 그 상황을 직면하고 대응하는 법을 새로 익혀야 한다.

실제로 이 방법을 연습해보면 불안감이 완전히 사라지지는 않겠지만 어느 정도는 줄어들 것이다. 중요한 것은 도망치지 않는 것이다. 충분히 익숙해질 때까지 각 단계를 반복해서 연습하며, 두려움이 사라지지 않으면 무리하게 다음 단계로 넘어가지 않는다. 회피는 허용되지 않지만 각자 상황에 맞게 수정하고 조절하는 것은 얼마든지 가능하다. 예를 들어, 한 단계를 진행하는 것이 너무 힘겨우면 그 단계를 둘로 나눠도 괜찮다. 또는 자신감이 생기면 원래 계획보다 좀 더 앞서 나가도 괜찮다. 이 과정은 자신이 주도권을 가지고 진행해야 한다.

점진적 노출법을 익히고 적용하는 데는 시간이 걸릴 수 있다. 오랜 습관을 바꾸려면 그만큼 시간이 걸리는 것이 당연하므로 인내심을 가져라. 어떤 방식으로든 무리하게 자신을 밀어붙일 필요는 없다. 호흡이나 운동으로 긴장을 풀어주는 것도 좋은 방법이다. 또한 불안 수준을 수치화해서 기록하고 진행 상황을 일지에 기록하는 것도 도움이 된다.

점진적 노출법을 적용하는 동안 그 과정이 자신의 신념이나 기대에 어떤 영향을 미치는지 주의 깊게 살펴보자. 예를 들어, 애덤은 자신이 다른 사람들과는 조금 다르다는(아마도 좀 더 나쁜 쪽으로?) 부정적인 신념과, 사람들이 자신을 이상하게 생각하고 있으며 자신의 불안도 눈치채고 있을 것이라는 잘못된 믿음을 가지고 있었다. 하지만 점진적 노출법을 연습할수록 이런 믿음이 조금씩 줄어드는 것을 느꼈고, 대부분의 사람은 자신에게 별 관심이 없고, 자신을 평가하거나 판단하지도 않는다는 것을 점차 깨달을 수 있었다.

그와 동시에 우리는 자신의 왜곡된 생각이나 믿음에 도전하고, 그것을 재평가하려고 노력해야 한다. 불안한 상황을 직면할 때는 자신이 예상했던 일이 실제로 일어났는지, 두려워했던 최악의 상황이 발생했는지 계속 점검해야 한다. 그러면 자신의 부정적인 예측이 사실이 아님을 깨닫고, 불안은 점차 줄어들 것이다.

생각을 멈출 수 없다면 방향을 바꿔라

어떤 의미에서 생각이 많다는 것은 특별한 능력이다. 물론 잘못된 방향으로 생각을 많이 하는 것은 삶에 나쁜 영향을 미치겠지만 그 생각들을 '올바른' 방향으로 이끌 수 있다면 어떨까?

현대의 마음챙김 운동은 모든 정신 활동을 동일하게 평가하는 경향이 있다. 즉 어떤 활동이든 지금 이 순간에 완전히 집중하는 의식 상태가 아니면 마음챙김으로 여기지 않는다. 하지만 이런 관점은 훈련되고 통제된 마음과 산만하고 제어되지 않는 마음의 차이를 간과한다. 불교에서 말하는 '원숭이 마음Monkey mind'은 끊임없이 움직이는 산만한 마음을 뜻하며, 이런 마음은 훈련되고 통제된 마음과는 다르다.

앞에서 여러 번 말했듯이 마음은 하나의 도구다. 마음은 그 어떤 도구보다 강력하며, 다양한 능력과 회복력을 지녔다. 하지만 통제되지 않는 마음을 조용하게 만드는 것만이 정답은 아니다. 통제하기 어려운 마음이라도 잘 다스리면 그 힘을 긍정적인 방향으로 이끌어 문제를 해결하고, 창의적인 능력을 펼치며, 생산성을 높일 수 있다.

물론 명상과 마음챙김은 생각 과잉을 줄이고 마음을 다스리는 데 도움이 된다. 하지만 마음을 다스린다는 것은 지금 이 순간에 집중하는 것만을 의미하지는 않는다. 상황에 따라 마음을 유연하게 조절하는 능력, 즉 계획을 세울 때나 실수로부터 배울 점을 찾을 때처럼 필요에 따라 현재, 과거, 미래로 마음을 자유롭게 이동시키는 능력도 포함된다.

마음을 자유롭게 조절하고 전환할 수 있다는 것은 무슨 뜻일까? 편안하게 쉴 때는 긴장을 풀고 스트레스를 날려버릴 수 있어야 하고, 집중해야 할 때는 온힘을 다해 집중력을 발휘할 수 있어야 한다. 창의적이어야 할 때는 마음을 열고 탐색할 수 있어야 하고, 세부적인 작업을 해야 할 때는 체계적으로 집중할 수 있어야 한다. 중요한 것은 상황에 따라 마음 상태를 전환하는 능력이며, 항상 완벽하게 평온하고 고요한 마음 상태를 유지해야만 행복과 성취를 얻는 것은 아니다. 다양한 마음 상태를 오가면서도 본질적인 목표와 집중력을 유지할 수 있어야 한다.

생각 과잉은 문제를 해결하기 위한 자연스러운 뇌의 작용이지만 비체계적이고 비효율적이어서 실제로 문제를 해결해주지는 못한다. 그렇다면 효과적인 문제 해결 방식은 어때야 할까?

생각의 사전적 정의는 '어떤 대상에 마음을 집중하거나 마음을 활발히 사용해서 아이디어들을 형성하고 연결하는 것'이다. 생각과 반추의 첫 번째 차이가 여기에 있다. 생각은 건설적이고 체계적이며 목적이 있지만 반추는 그렇지 않다. 반추는 문제를 해결하기보다는 새로운 문제를 만들어내는 경향이 있다. 효과적인 문제 해결 방식은 문제를 명확히 파악해서 해결책을 찾고 가능성을 평가한 다음, 이를 토대로 가장 합리적인 안을 선택해 실천 방안을 계획하고 구체적으로 실행하는 것이다. 그

다음 결과를 평가해서 더 나은 방향이 필요하면 계획을 조정하거나 추가적인 조치를 취해야 한다.

하지만 반추와 과잉 사고는 아직 일어나지 않은 일이나 이미 일어나서 바꿀 수 없는 일처럼 우리가 통제할 수 없는 부분에만 집중하여 본질적으로 새로운 해결책이나 대안을 제시하지 못한다. 제대로 된 문제 해결 과정과 머릿속에서만 이루어지는 과잉 사고의 가장 큰 차이는 의식적인 행동 여부에 있다.

다음은 문제 해결 모드에 들어가기에 앞서 고려해야 할 질문들이다.

- 실제로 문제가 있는가?
- 문제가 있다면 그것은 내 문제인가? 혹은 다른 사람의 문제인가?
- 지금 실제로 일어난 문제인가? 아니면 일어날 것으로 예상하는 문제인가?
- 즉각적인 행동이 필요한 문제인가?

실제로 문제가 있고, 그 문제가 내 문제이며, 즉각적인 대응이 필요하다면, 그다음에는 그 문제를 내가 해결할 수 있는지 고민해봐야 한다. 대출 상환, 회사 업무, 대인관계와 같은 문제는 내가 '해결할 수 있는 문제'이지만, 단순 예측이거나 통제가 불가능한 미래의 일이나 상황과 관련된 문제는 내가 '해결할 수 없는 문제'다. 어떤 문제를 해결할 수 있는지 없는지를 판단할 때는 그 문제가 실제로 일어날 가능성이 얼마나 있는지, 시기적으로 지금 해결할 필요가 있는지, 내가 통제할 수는 있는지를 기준으로 삼는다. 이를 토대로 내가 그 문제를 해결할 수 있다면 문제 해결에 집중해야 하지만 그렇지 않다면 그냥 수용하고 받아들이는 편이 더 바람직하다.

문제 해결을 위한 6단계

한번 가정해보자. 당신은 이번 달 수입이 부족해서 가스 요금과 전화 요금을 모두 내지 못할까 봐 걱정을 하기 시작했다. 앞의 질문들을 빠르게 점검한 뒤, 이 문제는 실제로 해결할 가치가 있다고 판단한다. 이제부터 당신은 과도한 생각과 걱정에 빠지는 대신 현재 직면한 문제를 해결하기 위해 실질적인 문제 해결 방법을 찾기로 한다.

1단계: 문제를 파악한다.
관찰할 수 있는 행동과 상황에 집중하여 문제를 명확하게 파악한다. 당신의 문제는 금전적 상황이 좋지 않아 가스 요금과 전화 요금을 한꺼번에 납부하기가 힘들다는 점이다. 이런 문제는 명확하게 인식하는 것 자체가 어려울 수 있다. 예컨대 은행 잔고를 확인하지 않거나 청구서를 아예 열어보지 않는 식으로 회피 행동이 나타날 수 있기 때문이다. 그러나 이러한 회피 행동은 불안을 증가시킬 뿐이다.

첫 번째 단계는 사실을 있는 그대로 정확히 인식하고 회피하지 않는 것이다. 감정적이거나 왜곡된 시각이 아니라 중립적인 입장에서 문제를 명확하게 정의하자.

2단계: 다양한 해결책과 선택지를 찾아본다.

마음이 불안해지면 최악의 상황을 자꾸 상상하게 된다. '요금을 못 내서 전기가 끊기면 어떡하지?' '휴대전화 없이 살 수 있을까?' '다음 달에는 쫄쫄 굶는 거 아냐?' 이런 생각들은 모두 무시하라. 지금은 다양한 해결책을 떠올리는 데만 집중해야 한다. 이 단계에서는 가능성이나 제한 요인을 미리 판단하지 말고 되도록 많은 아이디어를 떠올리는 것이 중요하다.

예를 들어, 이 사례에서는 요금을 나눠서 내는 방법을 알아보거나 중요한 청구서를 먼저 해결하거나 신용카드로 결제하거나 돈을 빌리거나 재정 상담을 받아볼 수 있다. 은행을 털거나 멀리 도망가거나 할머니의 골동품을 중고 매장에 파는 등 아주 엉뚱한 아이디어도 선택지로 떠올려볼 수 있다. 실제 실행 가능성이 없는 아이디어라도 자유롭게 떠올리고 적어보는 것이 중요하다.

3단계: 각 해결책의 장단점을 평가한다.
최대한 많은 아이디어를 떠올렸다면 각 해결책의 장단점을 평가해본다. 그다음 효과와 실행 가능성, 잠재적 결과 등에 따라 아이디어의 순위를 매겨본다.

예를 들어, 요금을 나눠서 내는 방법은 좋긴 하지만 절차가 번거롭거나 까다로울 수 있다. 중요한 청구서를 먼저 납부하는 방법은 납부하지 않은 다른 서비스가 일시적으로 중단되거나 연체료가 생기는 등의 불편함이 발생할 수 있다. 그중 가장 괜찮은 아이디어를 몇 개만 골라 각각의 장단점을 정리해본다. 이때 너무 많은 요소를 고려하면 분석 마비에 빠질 수 있기 때문에 가장 중요한 목표에 집중해서 해결책을 찾는 것이 좋다. 이때 일시적인 불편함이나 수치심 등을 지나치게 고민하지 말아야 한다.

4단계: 실행 방안을 계획한다.
해결책을 하나 이상 선택한 다음 누가, 언제, 어떻게 실행할지 계획한다. 어떤 경우에는 선택지가 없는 것처럼 느껴질 수도 있지만 대개는 '마음에 드는' 선택지가 없는 것이다. 그럴 때는 절충안을 찾아야 한다. 예를 들어, 월요일 오전에 전력 회사와 전화 회사에 전화해서 요금 분할 납부에 대해 문의하고 그날 오후에는 재정 상담을 받아본다. 필요할 경우 친구에게 도움을 구한다. 계획을 세울 때는 다음을 구체적으로 정해두어야 한다.

- 어떤 조치를 할 것인가?
- 언제 할 것인가?
- 결과가 나오면 그다음엔 무엇을 할 것인가?

이렇게 하면 생각이 분산되지 않고 실행 방법을 차근차근 계획할 수 있다. 한 가지 해결책에만 의존하면 그 해결책이 실패했을 때 다른 방법이 없으니 다양한 선택지를 고려해두는 것도 필요하다.

5단계: 계획을 실행한다.

정해진 단계와 일정에 따라 계획을 실행한다. 이 과정이 즐겁지 않고 불편하게 느껴질 수도 있지만 걱정 속에서 아무것도 하지 않는 것보다는 훨씬 낫다.

6단계: 결과를 평가한다.

문제가 적절하게 해결됐는지, 조정이 필요한 부분이 있는지 등을 고려해서 결과를 평가한다. 필요한 경우 중간 과정을 다시 검토해서 새로운 선택지를 고르거나 기존 계획을 수정한다.

이 6단계 과정에 불안이 끼어들 틈은 없다! 이를 아는 것이 중요하다. 스트레스, 긴장, 두려움 같은 감정은 문제를 효과적으로 해결하는 데 전혀 도움이 되지 않는다.

우리는 언제든 가장 좋은 방법을 골라 문제를 해결하고 더 나은 삶을 살아갈 수 있다. 그리고 그 과정에서 우리는 한순간도 불안해할 필요가 없다. 이 사실을 아는 것만으로도 한결 마음이 가벼워질 것이다.

6장 요약

- 분석 마비는 선택지가 너무 많을 때 의사결정에 어려움을 겪는 상태다. 이런 상황을 피하려면 극대화자가 아닌 만족자가 되어야 한다. 즉 선택의 목적을 분명히 하고 목적에 맞는 기준을 세운 다음, 그 기준을 만족시킬 만한 적당한 선택지를 찾았으면 더 고민하지 말고 그 선택지를 받아들인다.

- 포모는 혼자 뒤처지는 것에 대한 두려움을 뜻하고, 포보는 더 나은 선택지가 있을지 모른다는 두려움을 뜻한다. 포모와 포보를 잘 다루려면 결정의 중요도를 잘 구분해야 한다. 위험 부담이 없는 결정의 경우 선택지를 두 개로 줄여서 어느 쪽이든 빠르게 결정한다. 위험 부담이 작은 결정의 경우 믿을 만한 주변 사람들에게 객관적인 조언을 구한다. 대신 위험 부담이 크고 어려운 결정에 모든 에너지를 집중한다.

- 불안의 악순환을 막으려면 불안을 일으키는 상황을 외면하거나 회피하지 말고 '점진적 노출법'을 통해 그 상황에 다가가야 한다. 두려움을 느끼는 상황들을 단계별로 정리하고, 가장 쉬운 단계에서부터 시작한다. 각 단계마다 마음이 편안해질 때

까지 최대한 머물다가 다음 단계로 넘어간다. 불안은 회피 행동으로 이어질 수 있다. 회피는 일시적으로 불안을 줄여주지만 이런 잠깐의 안도감은 회피 행동을 강화하고 잘못된 믿음과 가정을 더욱 공고히 한다. 불안한 상황을 회피하는 대신 점진적으로 직면하면 불안의 악순환을 끊어낼 수 있다.

- 생각이 많다는 것은 잘 활용하기만 하면 특별한 능력이 될 수 있다. 생각의 힘을 긍정적인 방향으로 이끌면 문제를 해결하고, 창의성을 발휘하며, 생산성을 높일 수 있다. 유연한 마음이란 자신의 목표와 가치에 필요한 마음 상태로 자유롭게 전환할 수 있는 능력이다. 올바른 문제 해결 과정은 '문제 파악 – 해결책 브레인스토밍 – 장단점 평가 – 실천 계획 – 행동 실행 – 결과 평가'의 단계를 거친다. 이 과정에 불안이 끼어들 틈은 없다.

옮긴이 박선영

영문학 학사, 영어 교육학 석사 과정을 마치고 영국 복지 단체와 외국계 기업에서 근무했다. 현재 바른 번역 소속 출판 전문번역가로 활동 중이다. 『깃털 도둑』 『다윈의 실험실』 『니체의 삶』 『결혼학 개론』 『어른의 시간』 『지구를 구하는 뇌과학』 『고통의 비밀』 『오래도록 젊음을 유지하고 건강하게 죽는 법』 『레스토랑의 세계사』 『원인과 결과의 법칙』 『우리가 몰랐던 혁신의 비밀』 『데일 카네기 인간관계론』 『감정은 어떻게 인간을 지배하는가』 『마지막 선물』 등 다수의 책을 번역했다.

가짜 불안

초판 1쇄 발행 2025년 3월 25일
초판 2쇄 발행 2025년 4월 21일

지은이 닉 트렌턴
옮긴이 박선영

발행인 윤승현 **단행본사업본부장** 신동해
편집장 김예원 **파트장** 정다이 **책임편집** 김서영
디자인 this-cover **교정교열** 윤정숙
마케팅 최혜진 이은미 **홍보** 반여진
국제업무 김은정 김지민 **제작** 정석훈

브랜드 갤리온
주소 경기도 파주시 회동길 20
문의전화 031-956-7212(편집) 02-3670-1123(마케팅)
홈페이지 http://www.wjbooks.co.kr
인스타그램 www.instagram.com/woongjin_readers
페이스북 https://www.facebook.com/woongjinreaders
블로그 blog.naver.com/wj_booking

발행처 ㈜웅진씽크빅
출판신고 1980년 3월 29일 제406-2007-000046호

한국어판 출판권 ⓒ ㈜웅진씽크빅, 2025
ISBN 978-89-01-29408-7 03180

- 갤리온은 ㈜웅진씽크빅 단행본사업본부의 브랜드입니다.
- 이 책 내용의 전부 또는 일부를 이용하려면 반드시 저작권자와 ㈜웅진씽크빅의 서면 동의를 받아야 합니다.
- 책값은 뒤표지에 있습니다.
- 잘못된 책은 구입하신 곳에서 바꾸어 드립니다.